PREMIER
ET
SECOND VOYAGES
DE
MILORD DE ***.
A PARIS.

PREMIER
ET
SECOND VOYAGES
DE
MILORD DE ***.
A PARIS,
Contenant LA QUINZAINE ANGLAISE,
& le retour de Milord dans cette
Capitale après sa majorité.

PAR LE CH. R****.

TOME SECOND.

A LONDRES.

M. DCC. LXXXII.

SECOND VOYAGE
DE
MILORD DE***.
POUR SERVIR DE SUITE
A LA QUINZAINE ANGLAISE.

CHAPITRE PREMIER.

Mon retour en France. Rencontre de Bouillac. Départ de Calais. Commencement des aventures de mon compagnon. Evénement singulier.

FIDELE à la promesse que j'avois faite à mon départ de Paris, de saisir le moment où un peu de maturité m'auroit mis en état d'en braver les écueils, pour revenir dans cette Capitale, je quittai l'Angleterre en 177..., c'est-à-dire après un intervalle de cinq années. Je les avois employées à rougir de mes folies, à me faire un fond de principes propres à me mettre au dessus des dangers, à acquérir des connoissances capables de me faire tirer quelque fruit de mes voyages. Ce n'est donc plus ce que les Plaisans appellent *un Milord pot au feu*, qui va égayer le Public à ses dépens, en lui traçant des aventures également honteuses & ridicules : c'est un Observateur qui va recueillir ce qu'il a vu, ce qu'il a entendu, & hasarder des remarques sur les usages & les mœurs, qu'il se flatte d'avoir faites avec l'œil impartial de la raison & de la philosophie. Ceux de mes compatriotes qui ont profité du récit de mes égaremens, trouveront encore peut-être quelque utilité dans celui que j'y vais opposer. S'il en est quelques-uns qu'il instruise, quelque foible qu'en puisse être le nombre, je me croirai bien dédommagé de la peine que je vais prendre de le leur tracer.

Pendant les cinq années que je venois de passer à Londres, j'avois entretenu une correspondance avec le Chevalier ***, dont l'amitié devoit m'être si précieuse. Bouillac m'avoit écrit des lettres sérieuses & plaisantes, où j'avois trouvé à m'amuser & à m'instruire. Il avoit même saisi un intervalle de loisir, que ses affaires lui avoient laissé, pour venir passer quelques mois en Angleterre. Nous y avions observé ensemble les travers de mes chers compatriotes; il m'avoit fait voir clairement, que les manies y étoient aussi communes que les frivolités & les extravagances le sont en France. J'avois exigé de lui une promesse, que quand je retournerois dans ce Royaume, il se trouveroit à Calais, pour me prendre au sortir du vaisseau, & me servir de guide. Effectivement, en débarquant, j'eus la satisfaction de le voir sur le rivage : après nous être cordialement embrassés, nous gagnâmes l'Hôtel d'Angleterre, d'où, après quelques heures de repos, nous prîmes le chemin de Dunkerque.

Bouillac m'avoit conseillé d'alonger ainsi ma route : La fougeuse & pétulante jeunesse, me dit-il, qui n'apporte en France que le désir d'y faire des équipées éclatantes, brûle d'arriver à Paris : le chemin qui y conduit est toujours trop long à son gré ; mais vous, Milord, vous avez aujourd'hui d'autres projets que celui d'être joué par d'impudentes courtisanes, ou dépouillé par des escrocs travestis. Ne craignons donc pas de faire un circuit qui nous offrira la matiere de quelques observations utiles. J'ai plus connu l'Angleterre & les Anglais, en reprenant cinq à six fois haleine entre Londres & Bath, que par mes six mois de séjour dans cette Métropole. Les peuples des capitales se ressemblent presque tous ; ces vastes cités n'offrent qu'un assemblage & un mélange d'hommes qui n'ont des Nations que les vices & les défauts : je crois qu'il est important d'en étudier d'autres. S'il étoit possible qu'un homme nourri dans l'air impur de ces grandes villes, y eût conservé toute la force & l'énergie d'une vertu stoïque, il ne pourroit manquer d'y devenir misanthrope; parce que, n'ayant vu l'humanité que par ce côté, elle seroit assurément odieuse & méprisable à ses yeux. Vous avez raison, lui répliquai-je, je le sens comme vous; le faste & l'ambition d'une part, la nécessité & la pauvreté de l'autre, doivent corrompre la masse des habitans d'une capitale : si l'on veut juger d'une Nation, c'est s'exposer à lui faire injustice, que de ne la considérer que là.

Nous nous entretînmes pendant quelque temps des mœurs & des hommes. Mon ami, lui dis-je, dans un âge aussi peu avancé que celui où vous étiez lorsque j'eus le bonheur de vous rencontrer, comment auriez-vous pu déjà connoître assez le monde, pour démêler aussi adroitement des hommes qui ont si bien l'art de se masquer ? — J'avois gagné de l'avance, Milord, & j'étois instruit à mes dépens, comme vous l'êtes aujourd'hui aux vôtres : mes premiers pas dans le monde ont ressemblé à ceux par où vous avez débuté, avec cette seule différence, qu'une fortune considérable en multiplioit pour vous les dangers.

Si vous croyez que le récit des événemens qui ont précipité ma marche vers la réflexion & la maturité, soit propre à vous désennuyer, vous me voyez prêt à vous confesser mes fautes avec ingénuité & avec candeur. Je témoignai à Bouillac tout le plaisir que j'aurois de l'entendre ; il commença à peu près ainsi :

Je fus presque en naissant la victime de l'adversité ; elle me poursuivit dès mon berceau, & elle est encore mon apanage. Mon pere étoit un Gentil-homme Etranger, fortement engagé dans les intérêts d'un parti légérement embrassé par ses ancêtres, & dont les événemens ont trompé les espérances. En épousant ma mere, il rencontra une fortune honnête, & une épouse aimable, qui pouvoient lui faire oublier une partie de ses disgraces. Cette union ne fit qu'ajouter un malheur à tous ceux dont il avoit à gémir ; car elle mourut au bout d'un an, & me laissa à la mamelle. Les préjugés du pays dont mon pere tiroit son origine, lui permettoient d'essayer d'augmenter, par le commerce, ce qu'il avoit reçu des biens de sa femme : celui de la France étoit alors sur un pied très-florissant ; la Fortune seconda ses efforts, ou plutôt elle alla au devant. Il avoit malheureusement reçu de la Nature un penchant excessif à l'indolence , un goût fort vif & assez peu délicat pour les plaisirs. Un pareil caractere rendit bientôt inutiles tous les bienfaits dont cette Déesse volage l'accabla d'abord. Les succès de son début, qui devoient être les fondemens de son élévation, & lui offrir un degré vers l'état qui convenoit à sa naissance, furent au contraire les causes de tous ses malheurs : ils ne servirent qu'à amener les revers dont la chaîne a enveloppé toute sa famille.

Foiblement confolé de la perte d'une époufe digne de fes regrets, par les richeffes qui s'accumuloient dans fes mains, mon pere ne tarda pas à voler à Paris. Il crut probablement y trouver de la diftraction à fa douleur. Effectivement il portoit dans le fond de fon cœur des difpofitions fecretes, que les occafions n'avoient pas encore développées, & qui, lorfqu'il les eut à fa portée, en bannirent promptement le chagrin & la mélancolie. Il ne tarda point à fe former des liaifons propres à les diffiper. En un mot, il y paffa trois années d'une maniere peu différente des quinze jours malheureux que vous avez tant déplorés.

Pendant tout ce temps, j'étois abandonné au foin mercenaire de quelques femmes à gage, & le défordre s'introduifoit dans les affaires de la maifon. Le dérangement s'y mit bientôt à un point qui effraya nos amis; mon pere lui-même crut voir fa chute approcher.

Pour la prévenir, on s'avisa de l'engager dans un second mariage ; l'on mit tout en œuvre pour lier son sort à celui d'une femme, dont l'opulence fût assez considérable pour réparer les breches que son inconduite avoit faites aux premieres faveurs dont la Fortune l'avoit comblé.

Plus ardent encore que judicieux, le zele de ses amis fut lui chercher une compagne dans une famille où la laideur étoit héréditaire aussi bien que les richesses. A une figure commune, à des traits désagréables, ma future belle-mere joignoit des manieres revêches, & un esprit peu sociable; tout cela étoit pallié par une dot d'un million. Combien est-il de gens capables d'appercevoir des défauts aussi révoltans sous une enveloppe aussi riche? Elle éblouit ceux qui conseilloient mon pere : ils ne réfléchirent point que, du naturel dont il étoit, bien loin de mettre un frein à ses dissipations, cette union ne feroit que le mettre dans la tentation continuelle de satisfaire son goût en les multipliant.

J'avois quatre ans quand ce fatal hyménée s'accomplit : l'Amour, comme il est facile de le sentir, ne fut point de la fête ; aussi n'eut-il pas le lendemain la peine de déployer ses ailes pour s'envoler : moyennant le caractere de la nouvelle épouse de mon pere, l'Amitié ne pouvoit guere se charger de prendre la place qu'il avoit dédaignée. C'étoit donc à la Fortune seule à se charger du soin d'en écarter le repentir. Cette perfide & volage Divinité est un bien mauvais garant : elle ne tarda pas à signaler sa malice accoutumée. Ebloui des tréfors que sa seconde femme lui avoit apportés, mon pere avoit imprudemment multiplié ses engagemens & ses entreprises. Au moment même où toutes ses ressources étoient dans nos Colonies, le feu de la guerre s'alluma, les mers furent fermées, ses agens infideles abuserent de sa confiance; en un mot, il fut ruiné.

A cette époque, les calamités se succéderent sans relâche & sans interruption. Sa famille, confidérablement augmentée depuis son second mariage, entrevit avec effroi la perspective d'indigence & d'anéantissement où elle a langui depuis. Seul soutien de toute sa maison, par les biens que je tenois du côté de ma mere, j'avois été relégué à l'autre extrêmité du Royaume, dans une Ecole célebre à la vérité, mais où ma foible enfance, pour prélude des amertumes que me préparoit le Sort, éprouvoit déjà l'oubli de mon pere, & l'indifférence de tous ceux à qui j'appartenois. Cet abandon me fut utile: je ne pouvois être dédommagé de leur négligence que par la bienveillance de mes maîtres ; je n'oubliois rien pour la mériter, & elle devint le prix de mes progrès & de mon émulation.

Après dix années de collége, & des études achevées d'une maniere assez distinguée, je fus renvoyé à mon pere, car il n'avoit pas songé à me faire revenir; tant une efpece d'apathie, que les malheurs & un penchant irréfiftible pour les plaifirs avoient produite, lui caufoit de diftraction fur le fruit de fon premier hyménée. Les Maîtres qui avoient veillé à mon éducation, furent obligés de lui rappeler, par plufieurs lettres, que je ne devois pas paffer toute ma vie au collége.

Lorfque j'en fortis, j'atteignois ma dix-feptieme année. Occupé encore de fes plaifirs dans la capitale, mon pere m'en laiffa végéter deux de plus dans un bien de campagne, dont ma minorité lui affuroit la jouiffance. C'étoit le feul qui lui reftât; & comme les revenus en étoient médiocres, on doit bien s'imaginer qu'un homme de fon humeur les confommoit fans peine. Sa moitié délaiffée s'y lamentoit en vain depuis fix ans; les feuls échos redifoient fa plainte : je crois pouvoir dire fans fatire, que fi mon retour ne lui avoit pas fourni l'occafion d'exhaler fon fiel contre moi, elle auroit fuc-combé à la malignité de tout celui que

que des chagrins assez justes devoient produire dans un naturel difficile & acariâtre.

Le séjour de la maison paternelle me fit regretter celui du collége. J'y attendois avec impatience qu'on m'y donnât un état : deux mortelles années s'écoulerent sans que j'en entendisse parler. Excepté le visage terrible & le chagrin de ma belle-mere, je ne trouvois dans tout le canton que des Cultivateurs ignorans & grossiers, ou des Moines stupides & dissolus, qui, du fond d'une Abbaye du voisinage, régnoient sur des campagnes d'alentour. Les fêtes & dimanches j'avois la compagnie d'un Ecclésiastique mielleux, qui venoit desservir la chapelle du logis. Cet homme étoit un sot rempli de prétentions, & propre à toutes ces petites intrigues dont s'avisent les subalternes de son état, dans les maisons où ils prennent pied. Comme il avoit néanmoins la figure humaine, un langage assez pur, & quelque peu d'érudition scholastique, le contraste de tous ceux dont j'étois environné, lui donna du relief & de l'importance. C'étoit l'Oracle de ma belle-mere, & l'objet d'émulation & d'envie de tous les Pasteurs d'alentour. Faute d'autre, j'en fis bientôt mon confident.

J'en étois à mes premieres ouvertures intimes avec M. l'Abbé, quand je reçus une lettre de mon pere. Quelle nouveauté pour moi ! C'étoit la premiere de ma vie ! Je l'ouvris avec le transport de la joie la plus vive ; je commençai à croire qu'il attachoit quelque importance à mon être ; quelles furent ma surprise & ma douleur, d'y lire, dès la premiere ligne, que *j'étois un coquin qui lui donnois bien du chagrin, un Poëte, en un mot, & que je ne vaudrois jamais rien !* Des larmes coulerent de mes yeux : pénétré du sentiment le plus accablant & le plus pénible, je rentrai avec frayeur en moi-même, pour y chercher le commentaire d'un texte aussi fâcheux.

N'y trouvant rien à ma charge, je m'adressai à mon ami l'Abbé. Monsieur votre pere, me dit celui-ci, est fâché que vous n'ayez pas encore pris un état. Un état, lui répliquai-je, un état ! eh ! où l'aurois-je trouvé ? Sorti de mon collége depuis deux ans, excepté quelques mortels que j'ai rencontrés sur la route, je n'ai vu que des ouvriers, des valets, & vous, Monsieur, que je me garde bien de confondre avec tous ces gens-là. Seroient-ce là les professions que mon pere me propose ? comment me décider à poursuivre un rang dans la société ! tout m'y est étranger & inconnu. Je conviens, repartit affectueusement l'Abbé, qu'il y a quelque justice à ce que vous dites. Mais, Monsieur votre pere craint surtout chez vous certain goût dominant pour la Littérature & les Sciences. Tout penchant un peu fort de ce côté est un ridicule dans ce temps-ci. — Je le suppose ; mais encore, sur quoi fondé me reprocheroit-on un goût qu'on s'est efforcé d'exciter pendant toute ma premiere éducation ? — Il sait qu'étant encore aux études vous faisiez des vers.

— Voilà donc mon crime ! — Pourfuivez, Monfieur, pourfuivez, interrompit l'Abbé d'un ton plus confolant, vous ferez plus content de la fin de la lettre. — Vous l'avez donc vue ? — Monfieur votre pere me fait quelquefois l'honneur de me confulter, & je me flatte que Madame.... — Je favois bien que vous étiez pour ma belle-mere un homme effentiel ; mais j'ignorois que mon pere... — Lifez, Monfieur, lifez, pourfuivit le digne Ecléfiaftique, vous verrez fi je fuis de vos amis. J'ai deviné encore plus de vos chagrins & de vos défirs, que je n'en ai appris par vos confidences, & j'ai déterminé vos parens à vous placer dans un régiment. — Dans un régiment ? M. l'Abbé ! mais.... — Mais, Monfieur, il n'y a point d'autre reffource pour vous ; il faut vous réfoudre à fuivre ce parti, ou à végéter dans ce château, où, vous me permettrez de vous le dire, Madame votre belle-mere a befoin d'une paix & d'une tranquillité qu'elle vous reproche de troubler quelquefois. — Moi ! & en quoi aurois-je donc pu.... — Je l'ignore, mais elle vous accuse; elle exige votre éloignement. — J'y consens de grand cœur, si l'on me fournit des moyens de débuter dans un état de mon choix. — La nécessité, Monsieur, est le tyran du monde ; ces moyens ne vous sont pas dus : d'ailleurs, les malheurs de votre maison interdisent à Monsieur votre pere tout sacrifice ; faites-y vos réflexions. — L'Abbé me quitta à ces mots ; je lus l'épître de mon pere jusqu'au bout. J'y vis en effet, que, dans l'espérance d'un emploi, j'étois Volontaire dans le régiment de ***.

Je ne tardai pas à m'y voir élevé en grade ; je reçus une commission à la suite de ce corps, avant de l'avoir joint. Le printemps qui suivit, il se mit en campagne, & ma belle-mere s'applaudissoit déjà de me voir bientôt m'éloigner avec lui. Le brevet que mon pere avoit sollicité pour moi, étoit purement honoraire ; cette circonstance trompa son attente, & différa le plaisir que j'aurois ressenti moi-même de la voir remplie.

Quelque aversion que l'indolent auteur de mes jours eût à m'écrire des lettres, il m'en eût plutôt fait un volume que de me lâcher une pistole, parce que le premier de ses intérêts étoit son plaisir : il n'est guere possible, vous le savez Milord, qu'il soit gratuit à Paris. La nonchalance n'étoit que le second. Il passa très-oisivement & très-gaiement cette année dans la capitale ; & ma campagne, au grand regret de son épouse, fut employée toute entiere à signaler mon adresse contre les lapins de sa garenne, ou à quereller avec elle. Mon pere m'avoit oublié ; mon régiment ne songea guere à moi.

Plus d'un an après, je fis enfin une sortie pour aller faire mes premieres armes ; plus maigre & plus décharné que le Chevalier de la triste figure, j'endossai le harnois militaire, après dix-huit mois d'une maladie qu'avoient causée mes ennuis & mes chagrins, avec deux chevaux en mauvais ordre, un

Payſan traveſti en valet, qui, par ſon accoûtrement & ſa figure, ne reſſembloit pas mal au fameux Ecuyer du Héros de la Manche, & cent écus pour tout tréſor. J'avois à traverſer toute la France & une partie de l'Allemagne. Cette magnificence m'avoit néanmoins été reprochée du même ſtyle que ma qualité de Poëte.

Sous les auſpices accoutumés, c'eſt-à-dire, ceux de la pauvreté & de l'abandon, je débutai dans un corps où tous les membres étoient riches, au moins par comparaiſon. Vous avez acquis actuellement quelque connoiſſance des hommes; vous jugerez facilement, Milord, de la mince conſidération que dut m'y attirer ma modeſte apparence. J'avois pourtant des titres particuliers pour y aſpirer à quelque avancement. C'eſt préciſément ce qui fut cauſe qu'on ne m'y fit grace ſur rien. Je fus obligé d'y être perpétuellement au guet ſur les moindres choſes. Bientôt je m'apperçus que les haines, les factions, les brigues s'en étoient emparées; j'y fus promptement entraîné malgré moi. Je reçus à cette école nombre de leçons cruelles de tout ce que peut la perfidie des hommes, surtout quand la dureté & l'inflexibilité de l'état viennent ajouter à la perversité du caractere. Dans les champs de la guerre, j'appris encore à apprécier l'histoire de tant de héros si vantés : je vis le hasard présider aux combats, la terreur & la méfiance abandonner la victoire à la chanse du plus heureux, le courage mercenaire des stipendiaires modernes devoir bien plus les lauriers à l'occasion qu'à ses efforts & à son intelligence.

Dégoûté des cabales & des noirceurs de mes camarades, j'atteignis comme je pus l'instant où la paix fit tomber les armes des mains aux deux partis. J'avois vu, parmi ceux avec qui je venois de vivre, plus d'intrigans que de soldats : malheureusement l'esprit du siecle donnoit à ces premiers trop d'ascendant sur les autres. Aussi je ne pus me défendre d'une joie intérieure, en voyant le corps totalement supprimé : ce sentiment venoit de ce que ma famille n'auroit jamais consenti à me laisser suivre cette carriere sous d'autres drapeaux.

Cette petite satisfaction, où vous trouverez peut-être qu'il entre trop de personnel, ne fut pas de longue durée. Condamné derechef à aller planter des choux, je gagnois tristement, par le coche, l'asile champêtre où la Pénélope de mon pere attendoit en vain ce nouvel Ulysse. Depuis quatre ans, il ne paroissoit point avoir songé à ses pénates; il eut à mon égard une distraction qui en emporta deux entiers. Je songeai aux moyens de le contraindre à me tirer du séjour maudit où se consumoient mes plus belles années : son exemple justifioit assez mes dégoûts. Mon esprit un peu développé par l'expérience, me suggéra un stratagême qui n'étoit point dans mon caractere; ce fut de faire paroli à ma belle-mere. Je pris facilement cette besogne à cœur : en peu de semaines j'opposai tant d'espiégleries à ses caprices bizarres, qu'elle manda à son époux, que le plus grand de ses déplaisirs n'étoit pas du tout son absence ; c'étoit au contraire, disoit l'épître, un mal très-facile à supporter, en comparaison de la présence de son cher fils. Mon père, à qui la timidité d'écolier qu'il m'avoit connue quelques années auparavant, fit sans doute croire la chose facile, s'imagina que ma pétulance ne tiendroit pas contre quelques réprimandes. Il surmonta donc son antipathie pour les missives ; mais ce fut en vain : je voulois être expulsé ; c'étoit un parti pris. Vous sentirez plus tard combien ce projet étoit sensé. En doublant la dose de mes désobéissances & de mes prétentions, j'y parvins. On m'envoya à Lille en Flandres, avec des recommandations, & sans argent; mais j'avois acquis un peu de philosophie, c'est-à-dire de celle qui sait s'en passer. Imaginez-vous, Milord, un poisson échappé de la nasse où il s'est long-temps débattu, qui reprend, à nageoires déployées, le fil d'un grand fleuve : tel j'étois alors.

Il est bon de vous observer que la parcimonie dont mon pere avoit usé envers moi jusqu'à ce jour, venoit bien plus de l'impuissance où ses dissipations le mettoient de pourvoir à autre chose qu'à ses plaisirs, que d'un fond d'avarice, qu'on n'eut jamais à lui reprocher.

Le Sort, qui avoit enfin résolu de me traiter avec un peu moins de rigueur, lui fit trouver un ancien ami, qui lui accorda assez de crédit pour se charger de toutes les avances qu'il faudroit me faire; il ne tarda pas même à passer libéralement les ordres qu'il avoit reçus. Je dus cette bonté extraordinaire à une circonstance assez singuliere. Cet homme étoit d'une humeur douce & sociable; il aimoit la joie & la bonne chere, & il n'eut pas de peine par conséquent à devenir Maçon zélé : bon époux, excellent pere, la seule chose qu'il préférât à son domestique, étoit la Loge; il étoit bien fait pour y présider.

Ma franchise & ma gaieté naturelle lui firent espérer de trouver en moi un prosélyte digne de son zele. Aussi y débutai-je bientôt sous ses auspices. En peu de temps je fus la coqueluche de tous les Freres; élevé au rang de leur Orateur, mon éloquence animée de toute l'ardeur de ma jeunesse, me donna presque une considération prophétique dans l'association mystérieuse. Dès cet instant, sa bourse me fut ouverte, ainsi que toutes les maisons où le zele maçonique avoit embrasé le cœur du maître.

Jugez du changement de scène qui venoit frapper mes regards & flatter mes goûts. J'étois assez élégamment vêtu; je pouvois y figurer comme un autre. Je me jetai dans le monde, qui, pour la premiere fois, m'étoit ouvert, & je commençai à connoître les habitudes morales de la société.

J'étois dans la fleur de ma jeunesse, & je joignois à cet avantage une figure fort intéressante. A vingt-un ans accomplis, chose assez rare dans le temps
où

où nous sommes, j'avois la fraîcheur d'une puberté encore intacte, un cœur neuf, & des sens qui l'étoient aussi. Né avec un peu d'amour-propre, je n'avois rencontré dans les camps que de laides & sales vivandieres, qui ne m'avoient jamais inspiré un désir. Le reste de mon temps s'étoit écoulé dans l'asile rustique dont je m'étois enfin sauvé. Les Nymphes villageoises que j'y avois vues, soit effet du climat, soit par une suite de leurs pénibles travaux, y sont assez hideuses, pour ne pas tenter même les cénobites des alentours. A tout cela s'étoit joint un amour platonique pour une parente, que le hasard avoit conduit chez mon pere. La Dame me trouvoit assez gentil; mais, pour tout au monde, elle n'auroit point transgressé les préceptes. A parler strictement, j'avois donc toute mon innocence; elle étoit empreinte sur ma physionomie. Les connoisseuses s'en apperçurent. Je ne vous raconterai pas, Milord, toutes les petites aventures qui en résulterent:

ces miseres-là se ressemblent toutes ; ouvrez le premier Roman, & dans les vingt premieres pages, en changeant seulement les noms & la topographie des mœurs, vous trouverez mon histoire. Je vous dirai seulement que, de dix-huit mois, je passai les six premiers à être joué par une demi-douzaine de Belles ; les six suivans je pris ma revanche sur une quinzaine d'autres ; enfin la petite vérole vint ralentir le cours rapide de mes exploits galans. Le temps que j'avois perdu à toutes ces sottises, ne fut compensé que par quelques connoissances que j'acquis des malices & des prérogatives du beau sexe.

Mes dettes s'étoient cependant multipliées ; le Franc-Maçon se lassoit d'autant plus de faire des avances, que les remboursemens venoient avec lenteur. Je m'apperçus que cette source commençoit à tarir. J'avois beau écrire à mon pere ; point de réponse. Enfin je me déterminai à aller lui retracer par ma présence, que j'existois encore.

J'avois une inquiétude; c'étoit celle que me donnoit la liberté que j'avois prise de passer les limites qu'il avoit prescrites à mes dépenses. Je me rassurai cependant, en considérant que les demandes qu'avoit à former à ce sujet l'ami de Lille, n'étoient point assez exorbitantes pour le rendre implacable. C'est cependant ce qui ne manqua point d'arriver.

Je le joignis à ......; il me seroit impossible & en même temps trop douloureux d'entrer dans le détail de tout ce que j'eus à souffrir dans cette ville : pendant une année entière, j'y fus traité avec la dernière rigueur. Les privations, même celle du nécessaire, ne formerent que la plus petite partie de mes maux. Les mauvais traitemens furent poussés jusqu'à la barbarie. Ces excès étoient d'autant plus inexplicables, que je les éprouvois, même à l'occasion des choses qui m'attiroient des éloges de tout le monde : mes foibles talens, mes connoissances m'étoient reprochés comme des crimes. Quelques réflexions sur la singularité de toute cette conduite de la part de mon pere, sur-tout sur ce que ces persécutions avoient de contradictoire au fond de son caractere, m'induisirent à en chercher les causes. Je fus long-temps sans pouvoir les deviner. Enfin une imprudence qu'il commit, servit à m'ouvrir tout-à-fait les yeux. Il faut vous rappeler, Milord, que je suis le seul fruit d'un premier mariage : à l'époque de ma vie, où je viens de vous amener, j'ignorois absolument les avantages que ma mere avoit apportés du côté de la Fortune ; on s'étoit toujours fait une étude de m'en dérober soigneusement jusqu'à la moindre connoissance ; j'étois persuadé au contraire que la dot énorme de ma belle-mere, quoiqu'absorbée en très-grande partie par le dérangement de la maison, servoit seule à en écarter encore l'indigence. Le château & ses dépendances passoient, dans mon opinion, pour une acquisition de mon pere pendant son veuvage, hypothéquée bien au delà de sa valeur aux parens de sa seconde femme. D'un autre côté, j'avois entendu répéter sans cesse, que tant de désastres seroient réparés par les immenses prétentions qu'il avoit à la charge d'un Agent dans les Colonies, dont il seroit facile de tirer parti.

Je m'étonnois en moi-même, que de semblables prétentions ne le tirassent point de sa langueur habituelle ; je présumai assez naturellement que l'offre d'y passer moi-même, pour les faire valoir, pourroit désarmer la colere inconcevable qu'en toute rencontre il faisoit éclater contre moi. Je lui fis ma proposition. Coquin ! me répliqua-t-il en courroux, vous êtes bien hardi de vous mêler de mes affaires ! faites provision de patience jusqu'à l'âge où les Loix vous admettront à réclamer quelque chose : alors, si vous pouvez en venir à bout, vous dégagerez l'héritage de votre mere, & vous irez vous faire pendre, si vous le jugez à propos.

Telle fut la réponse paternelle que m'attira ma bonne volonté. La rage dans le cœur, je fus, loin du pere cruel qui venoit de le déchirer, l'exhaler dans un torrent de larmes ; ensuite je donnai un libre cours à toutes les pensées qu'une réplique aussi atroce faisoit naître en foule. Je ne tardai point à observer que, sous différens prétextes, mon pere avoit trouvé moyen de couper toute communication entre mes parens maternels & moi. Ses précautions barbares avoient été jusqu'à me déshonorer à leurs yeux, par les calomnies les plus flétrissantes. D'un autre côté, il avoit profité de l'ardeur naturelle de mon caractere, pour m'inciter à manquer à plusieurs d'entre eux, en gravant profondément dans mon cœur le ressentiment des injures que ses noirceurs les avoit engagés à me faire. La division qu'il étoit parvenu à semer entre nous par ces voies, étoit si grande, que je ne pouvois pas même penser à obtenir d'eux les plus foibles lumieres.

Mon pere logeoit avec lui une femme du peuple, dont le mari étoit son factotum. Deux enfans, dont la physionomie offroit sa ressemblance fortement empreinte, étoient encore commensaux du logis. Quand je n'aurois pas été instruit de cette intrigue par la voie publique, j'en aurois conçu les plus violens soupçons. Bientôt je m'apperçus de la contrainte que ma présence mettoit à ce commerce, & combien il étoit de l'intérêt de ma tranquillité de ne plus y porter obstacle. Je poussai ma spéculation plus loin; je résolus de faire de la Maîtresse même de mon pere, l'instrument des découvertes auxquelles il étoit si important pour moi de parvenir.

La premiere satisfaction que je m'avisai de leur donner, fut de m'absenter perpétuellement des lieux, & dans les momens où je pouvois être importun. J'affectois une complaisance & une réserve bien capables de me concilier l'attention de la Sultane favorite. Je ne fus pas long-temps sans recueillir des fruits fenfibles de cette conduite ; l'un & l'autre m'en furent affez bon gré, pour me preffer même de prendre quelquefois mes repas à la maifon. Dans quelques foupers où l'on étoit parvenu à ne plus craindre de fe dérider devant moi, je m'apperçus que la Princeffe avoit un goût décidé pour le vin de Champagne, & le plus grand foible pour les liqueurs fortes. Cette femme étoit la dépofitaire de toutes les clefs, & des papiers les plus fecrets de mon pere. Ces deux circonftances, dont je combinai les effets, me fervirent à dreffer tout mon plan ; je n'attendois plus qu'une abfence de celui-ci, pour l'exécuter. Un événement affez fingulier en accéléra l'occafion.

Quelque Démon, contraire fans doute au bonheur dont les feux de mon pere jouiffoient, fut révéler cette liaifon clandeftine à fon époufe. Elle fut d'autant plus jaloufe & plus furieufe, qu'elle étoit plus laide. Dévorée du défir de fe venger, elle hâta fon départ du manoir champêtre ; mais les préparatifs de son voyage ne purent se faire avec assez de secret, pour que le délinquant n'en fût pas averti. Heureusement il en eut vent, trois jours avant celui où elle devoit arriver; &, mettant autant de diligence qu'elle à ployer bagage, il décampa le lendemain.

J'étois alerte; le soir même qui suivit ce prudent départ, je m'efforçai de consoler la Concierge, en noyant son chagrin dans une grande quantité de sa liqueur favorite. Il ne me fut pas difficile d'y plonger tout-à-fait ses sens & sa raison. L'instant étoit décisif: tandis qu'elle étoit livrée à un profond sommeil, à l'aide de ses clefs, que j'escamotai sans peine, je visitai le cabinet de mon pere.

J'y trouvai, dans le fond d'un vieux tiroir, un rouleau jauni par les années, & rongé par les vers. Je le déployai: quelle fut ma joie! c'étoit la piece qui constatoit juridiquement que toute la fortune que je connoissois à la famille, étoit incontestablement à moi. Insensé que j'étois! j'ignorois le présent funeste que le Sort me faisoit : je ne savois pas que l'horrible chicane feroit un jour de ce titre fatal l'instrument de ma ruine, & la source de tous mes chagrins. Dans le sentiment de mon aveugle joie, je m'en saisis, &, ayant refermé les portes, je courus replacer les clefs dans la même place où je les avois prises.

Après cette découverte, je me livrai aux réflexions qu'elle ne put manquer de m'inspirer ; je développai toute la trame des incompréhensibles procédés d'un homme qui n'étoit pas sans appréhensions sur le parti que je pourrois prendre, quand ma majorité seroit venue. Je sentis en même temps les difficultés infinies qu'il pourroit me susciter ; mais je ne voyois encore cette époque que dans l'avenir ; & l'intérêt du présent avoit bien plus d'empire sur moi. Je crus saisir un moyen de concilier ceux de tout le monde : c'étoit de m'éloigner. Il m'étoit arrivé cent louis d'or par une voie bien inattendue ; c'étoit un legs que m'avoit fait un parent ; mon pere n'en avoit eu aucune connoissance, & n'avoit pas pu les intercepter. Avec cette somme, sans me mettre en peine de l'issue des fureurs jalouses de ma belle-mere, ni de tout ce qui pourroit en résulter de fâcheux, au retour de son époux, qu'elle avoit juré d'attendre de pied ferme, ou de suivre à la piste s'il tardoit à revenir, je résolus de tourner bride vers l'Italie.

Bouillac en étoit en cet endroit de sa narration, lorsque nous apperçûmes une voiture dételée, à côté de laquelle se trouvoit un homme qui s'agitoit beaucoup auprès d'un char à demi renversé. A cet aspect nous mîmes pied à terre, & fûmes offrir notre assistance à celui qui fatiguoit l'air des expressions de son désespoir.

En approchant de lui, nous vîmes que c'étoit un jeune homme d'une mine hautaine & d'une taille avantageuse ; son costume étoit militaire ; une énorme catogan lui battoit sur les épaules. Après lui avoir témoigné nos inquiétudes, nous lui offrîmes nos services. Eh ! Messieurs, nous repartit-il tout en feu, permettez qu'un de vos gens reste auprès de ma voiture, pendant que je gagnerai Calais de mon mieux, & que j'irai y faire expirer sous le bâton le coquin de Postillon qui m'a joué le tour pendable qui me donne ici un air sot. Comment donc, M. le Comte, reprit Bouillac qui le reconnut pour un jeune Colonel d'une garnison voisine ! que vous a donc fait ce maraut-là ? — Ce qu'il m'a fait ? Le pendard n'alloit point ; je l'ai pressé. Monsieur, m'a-t-il répliqué stupidement, voulez-vous que je mette votre voiture en pieces ? le chemin est impraticable. — Ce n'est point là ton affaire : brise, coquin, ai-je répondu, brise ; mais marche. Il n'alloit pas encore à mon gré ; j'ai insisté. — Mais, M. le Comte, mes chevaux s'abattent à chaque pas ; ils vont se rompre les jambes. — Soutiens-les, & vole. — Mais Monsieur.... — Tous ces *mais* m'ont fatigué ; j'ai traité ce bélître à l'Allemande, c'est ma méthode : cent coups de canne, voilà comme il faut mener ces animaux-là. Imaginez-vous, Messieurs, que pendant deux minutes le faquin a été à miracle. Au bout de ce temps, après m'avoir collé contre cette bute, il a mis pied à terre, & saisissant le prétexte de réparer quelque dommage survenu à un harnois, il a subtilement coupé les traits des chevaux ; il m'a souhaité assez ironiquement le bon jour & quelqu'autre nigaud à bâtonner ; ensuite le drôle, malgré mes menaces & mes cris, a repris au galop le chemin de Calais.

Loin de toute habitation, & privé de mon valet qui a gagné les devants, je me lamente ici depuis plus d'une heure. Mais voilà, reprit assez plaisamment Bouillac, ce qui prouveroit un peu l'insuffisance de la méthode Allemande. — Le faquin n'en a point eu assez, voilà l'affaire : j'aurois dû l'assommer. — A moins d'user jusque-là de la recette, c'est laisser aux gens le pouvoir de fuir, & l'occasion de se

Tome II. D

venger ; vous voyez ce qu'a produit l'un, & il vous fera peut-être avantageux, M. le Comte, de prévoir ce que l'autre offre à redouter. — Comment, Monsieur, un bourreau qui.... — Oui, qui se sauve pour éviter les coups. Monsieur, lui dis-je alors, si vous voulez accepter une place dans mon carrosse, un de mes gens fera la garde du vôtre. Comme la distance d'ici à Gravelines est la même que celle d'ici à Calais, on enverra les chevaux, & l'on y ramenera votre équipage. — Mais le scélérat qui.... — Eh bon Dieu, reprit Bouillac en souriant, vous repasserez quelque jour par là, & il n'y perdra rien. — A cette condition-là, à la bonne heure.

Le Comte, assez mal remis du transport furieux que lui avoit causé la ruse de son conducteur, prit place dans ma berline ; nous continuâmes à rouler au petit pas des chevaux jusqu'à une assez petite distance de Gravelines. Il faut, s'il vous plait, Milord, me dit Bouillac, que vous jetiez un coup-d'œil attentif sur les ouvrages multipliés qui rendent cette place l'une des plus fortes de nos frontieres. M. le Comte peut mieux que moi vous en faire connoître les détails : ils sont de son métier. Adressant la parole à ce dernier, il le pria de nous expliquer l'enchaînement, le rapport & la défense mutuelle que se prêtoient toutes les fortifications diverses, qui s'étendent à près d'un quart de lieue autour de la place. L'embarras du Colonel nous fit voir assez clairement, qu'à la méthode Allemande près, il possédoit foiblement les connoissances fondamentales de sa noble profession. Il se perdit dans sa description, & plaça tous les termes à contre-sens. Enfin il termina son explication confuse, en nous assurant que l'Ingénieur de la place étoit un garçon très-entendu, qui nous diroit le reste. Pendant que nous gémissions intérieurement de son embarras, nous arrivâmes à la poste. Après avoir pris congé de M. le Comte, & lui avoir recommandé de nous faire suivre à

Dunkerque par celui de mes gens qui étoit resté à la garde de sa voiture, nous poursuivîmes notre route.

CHAPITRE II.

Suite des aventures principales de mon Compagnon de voyage.

A peine étions-nous hors des barrieres de Gravelines, que mes yeux se perdirent encore une fois dans le vaste désert des environs : leurs regards ne rencontroient de tous côtés que des monticules d'un sable aride, que couronnoient des bruyeres rares & stériles. Pour charmer l'ennui d'une route aussi triste, je priai mon Compagnon de reprendre le fil du récit que la rencontre du Colonel lui avoit fait interrompre.

Milord, me dit-il, je venois d'abandonner mon pere & son épouse à toute l'aigreur de leurs dispositions mutuelles ; & me mettant peu en peine des conféquences graves des difcordes domeftiques, dont les plus horribles jaloufies venoient d'allumer le flambeau, j'avois fait affez leftement mon paquet. Je gagnai Marfeille par les voies les plus économiques ; je m'y embarquai pour Gênes ; traverfant avec la même parcimonie une partie de l'Italie, j'atteignis la capitale du Monde Catholique, où fe trouvoient en même temps le motif & le terme de mon voyage.

Après deux années d'abfence, je repris la route des lieux de ma naiffance, où mes intérêts m'appeloient. A mon retour, je trouvai que le défordre des affaires de mon pere n'avoit fait que croître & s'augmenter : fon début avec moi confifta, comme à l'ordinaire, en reproches amers : fans doute il s'étoit flatté intérieurement, que je m'étois éloigné à jamais. Mon retour fut pour lui une énigme inconcevable, & probablement une des fuites fatales de l'inconftance de caractere qu'il fe plaifoit à me fuppofer : le bon homme ne savoit pas la découverte clandestine que j'avois faite de la piece où mes droits étoient authentiquement consignés.

Les circonstances où ce secret devoit éclater, étoient cependant arrivées. J'avois enfin atteint ma vingt-cinquieme année : je me préparois avec effroi à céder à la main de fer de la nécessité ; elle étoit prête à m'entraîner dans les détours nombreux de l'affreux dédale de la chicane. Je sentois que mon pere ne manqueroit pas de faire tous ses efforts pour m'y égarer. Je résolus de m'armer d'un fil qui me servît à marquer chaque pas que je serois obligé d'y faire.

La nature du compte qu'il avoit à me rendre, lui donnoit lieu de se flatter qu'il pourroit se dérober pendant longtemps aux effets de mes réclamations. Il pouvoit fonder cette présomption sur l'ignorance où je devois être naturellement, de toutes les pratiques du commerce. Ma fortune pupillaire toute entiere avoit été englobée dans ses vastes entreprises : c'étoit donc dans les tableaux divers de ses opérations mercantilles qu'il falloit en suivre le sort ; dans leur succession rapide, & dans leurs ramifications immenses & confuses, il falloit constater des bénéfices, ou au moins faire la reprise des capitaux que son humeur hasardeuse avoit abusivement risqués : tout cela étoit dans un chaos analogue à son caractere. Le prétexte de l'éclaircir pouvoit lui faire obtenir bien des années ; sans doute il l'avoit prévu. La nécessité de tromper ses intentions, m'inspira le désir & le courage de me transformer en apprentif Négociant, afin d'acquérir par un travail assidu la connoissance de toute cette routine : ainsi ce furent encore mes disgraces qui me contraignirent à m'initier dans tous les détails pratiques de cette profession honorable, qui est aujourd'hui la colonne & l'appui des plus florissans Empires. Bientôt je présentai à l'auteur de mes jours un état si circonstancié de la partie & de l'époque de ses affaires qui me regardoient, que son indolence en demeura stupéfaite, & ses vûes déconcertées. Je lui reproduisis par induction la réalité & la masse exacte du dépôt sacré de la substance de l'orphelin, dont la confiance des Loix lui avoit commis la garde.

A l'aspect de cette triste démonstration, les remords & la honte parurent troubler son ame ; mais l'intérêt alarmé parla bien plus haut qu'eux. Il servit même à étouffer les discordes conjugales qui avoient pris naissance avec un éclat si fâcheux. A sa voix impérieuse, le ressentiment s'éteignit dans l'ame de ma belle-mere : encore plus avare que jalouse, elle pardonna à son époux ; &, pour la premiere fois, le désir & le soin de m'écraser, leur tinrent lieu d'amour & de tendresse. La famille dont ma belle-mere étoit sortie, vint encore m'offrir une hydre puissante à combattre. Pendant deux ans entiers, tout ce que l'obliquité des Praticiens peut opposer à la clarté de la législation fut mis en œuvre pour les perpétuer dans l'usurpation de mes propriétés légitimes. La calomnie la plus atroce porta, aux dépens de la vérité, une fausse pitié dans tous les cœurs : il en est tant qui se piquent d'être sensibles, lorsqu'il ne leur en coute rien ! Cette disposition fit à mes adversaires un grand nombre de partisans, & jeta sur la justice & l'évidence de mes droits un voile, à qui le refus qu'ils faisoient de le lever, prêta toute son épaisseur & sa réalité. Vainqueur dans les Tribunaux, si la balance de Thémis ne manqua point, tant de clameurs insensées firent au moins tomber le glaive de ses mains. Moi-même, content de m'être assuré une propriété future, je fis à ma famille l'abandon général de toutes les jouissances. Ce trait les étonna, mais il ne les a jamais touchés. Je me suis cependant dépouillé pour eux, dans un âge dont la différence avec le leur, quelle qu'elle soit, ne me permet pas d'espérer de voir jamais ma fortune revenir entre mes mains. Leur insenfibilité alonge tous les jours la trame de leur vie, tandis que le travail & la douleur minent fourdement les principes de la mienne.

Je n'ai point erré pendant des années fur la vafte mer des chicanes, où flotte la Juftice au gré des erreurs & des paffions des hommes, fans quelque expérience de tout ce que l'on fait pour la bannir loin d'eux. Ainfi, Milord, mon fort me conduifoit fucceffivement à travers les incidens les plus variés de la vie ; ainfi il a multiplié pour moi, de bonne heure, les occafions ameres de connoître les hommes & les chofes fous tous leurs rapports.

Dépouillé à moitié par les rufes de la chicane, à moitié d'une maniere volontaire, je vins néanmoins à bout de recueillir quelques foibles capitaux. Je crus, à l'exemple de mon pere, pouvoir les augmenter par le commerce où la Fortune l'avoit fi bien fervi : avec plus de fageffe & de modération que lui, je me flattois encore de les conferver. Pour achever de m'inftruire, je me hâtai de parcourir la Hollande; je fus auſſi à Londres; & pendant un ſéjour aſſez conſidérable, je m'efforçai d'acquérir une théorie propre à éclairer ma pratique. J'étois à peine de retour, & j'allois me livrer tout entier à l'exécution de ce projet, lorſque, pour mon malheur, je rencontrai un Grand, dont le zele illuſoire pour le bien de l'Etat, & un enthouſiaſme pour mes connoiſſances & mes talens, qui m'a été bien fatal, verſerent dans mon ame quelques gouttes du poiſon dangereux de l'ambition.

Ce nouveau patron me fit venir à Paris; je n'eus qu'à me louer de la droiture de ſes intentions, & de la chaleur de ſes ſervices: ſi j'ai des reproches à lui faire, c'eſt celui de quelques erreurs involontaires, qui ont entraîné ſes diſgraces auſſi bien que les miennes. Je fus préſenté à pluſieurs perſonnes en place, comme un Gentilhomme infortuné, dépouillé par les ſuites de ſa fidélité envers ſes maîtres; mais dont les connoiſſances, le caractere, l'intelligence méritoient de la confiance & des diftinctions.

Parmi les hommes qui furent follicités en ma faveur, il s'en trouvoit un qui avoit rempli le monde de fes intrigues, de fes difgraces, & dont l'ambition étoit enfin dédommagée par un crédit fans bornes, & par une faveur exclufive. Mon protecteur avoit des titres à fon amitié; & fi le fouvenir des fervices rendus ne faifoit fur l'ame d'un courtifan des traces plus faciles à effacer que les caracteres que l'on imprime fur un fable mouvant, il auroit dû compter fur fa reconnoiffance. Je me préfentai à lui avec des recommandations où les préventions favorables & l'affection exaltée de celui qui me les avoit données, avoient répandu une chaleur d'expreffion qui rendoit mon perfonnage très-difficile à remplir. J'étois honteux d'être le porteur d'un panégyrique auffi étonnant. Allez, m'avoit-il dit en partant, & fi M. *** veut vous attacher à lui, comme je n'en doute pas, ne vous avifez point
de

de refuser. Mon homme, quoiqu'il eût vécu long-temps à la Cour, en connoissoit mal les habitans, puisqu'il avoit la simplicité de croire qu'un homme en place cherche & accueille aussi facilement le mérite. Je ne quittai point le moderne Visir sans m'appercevoir de cette méprise.

Sur une physionomie que l'étude perpétuelle de soi-même avoit accoutumée à ne rien dire, l'homme à qui j'étois adressé me fit voir une affabilité froide & tranquille : il possédoit l'art d'écouter, si difficile & si rare parmi mes légers compatriotes. Sans la pratique que j'avois des Italiens, dont il avoit assez pris la tournure, j'aurois pu gober les lueurs d'espérance qu'il me fit entrevoir avec dextérité, & les gracieusetés insignificatives dont il me leurra. Mais son patelinage ne fit que me mettre sur mes gardes. Il avoit entrevu, sans doute, dans mes réponses, que je pouvois être véritablement utile à sa gloire ; & sa politique personnelle conçut à l'instant le projet de tirer parti de mes connoiſſances, ſans qu'il pût lui en rien couter. Il me preſſa de mettre ſous ſes yeux les détails d'un plan de négociation dont je l'avois entretenu, & qui, en aſſurant à l'Etat, pour des ſiecles, la paix avec le plus inquiet de ſes voiſins, ne pourroit manquer de le rendre cher & précieux à un Monarque qui redoutoit juſqu'à la penſée d'une guerre.

J'eus bien-tôt raſſemblé les détails immenſes qui pouvoient ſervir à juſtifier ce ſyſtême, & aider à le mettre à exécution. Vous devez vous rappeler, Milord, de m'avoir entendu effleurer cette matiere chez le Comte de ***, pendant votre ſéjour à Paris. J'avois pour antagoniſte le Colonel B...., & je combattis aſſez heureuſement les préventions de cet homme célebre. Je leur donnai un jour aſſez lumineux aux yeux de M...... pour qu'il traitât de chef-d'œuvre ce travail développé dans une certaine étendue ; mais ma bonne foi me fit commettre en même temps une ſottiſe qui lui ſuggéra l'idée d'une injuſtice aſſez commune, comme vous le verrez, & qu'ont répétée ſucceſſivement, à mon égard, quelques-uns de ſes pareils.

La matiere étoit tellement diſcutée dans mon manuſcrit, que la médiocrité qui ſe flatte ſi facilement de tout entendre, pouvoit ſe figurer ſans peine n'avoir plus beſoin de coopérateur ni de commentaire. Mon but avoit été de ne rien laiſſer à déſirer, & de juſtifier de la maniere la plus irréſiſtible, l'opinion avantageuſe qu'on avoit voulu inſpirer de moi à M. ***. Dans cet eſpoir, je laiſſai la piece entre ſes mains : j'étois bien éloigné de lui ſoupçonner le deſſein lâche & aveugle de ſe l'approprier. Il ne put réſiſter aux tentations de ſa vanité ; il s'empara du travail, ſe moqua de l'Auteur ; & ſans doute je fus en même temps à ſes yeux un grand ſpéculateur & un grand ſot.

Le ſilence perfide & obſtiné où il ſe renferma à mon égard depuis ce moment, m'en donna le premier soupçon. Les intelligences que je m'étois faites assez heureusement au dehors, m'en firent passer des preuves, en m'instruisant des démarches qu'il y avoit fait faire. Le mauvais succès des négociations qu'il entama sur mon plan, ne me consola point de la perte d'une année entiere, qu'avoient consommée mon travail & mes différentes entrevues avec lui.

Pendant que j'avois la sottise de me repaître de la fumée de louanges trompeuses, & de m'épuiser sur l'espoir extravagant & incertain de ces changemens de circonstances qui servent à consoler & à tromper l'ambition, j'avois occasion de me livrer à l'étude des hommes ; je portois sur-tout mes regards sur ceux qui, s'élançant dans la même carriere que moi avec moins d'avantages, y faisoient de rapides progrès, tandis que chaque pas me présentoit un obstacle. J'en voyois qui, sans naissance & sans talens, atteignoient rapidement à la faveur que je poursuivois en vain. Je me mis à scruter leur méthode, & à considérer leurs moyens. Que de bassesses, Milord, & de lâchetés! Les uns s'élevoient aux honneurs par des sentiers où il falloit marcher à travers l'opprobre; les autres arrivoient à la fortune par des voies qui auroient dû faire rayer leurs noms de la liste des citoyens. Je ne puis résister au désir de vous raconter une anecdote qui m'auroit fourni l'occasion de m'élever en m'avilissant comme eux. Quel parti n'en auroient-ils pas tiré à ma place! Mais ma gaucherie en matiere d'intrigues la tourna tout-à-fait contre moi.

Par des rapports de famille, j'avois la connoissance d'une citoyenne de monastere qui, sur le retour de l'âge, jouissoit d'une aisance dont la malignité des hommes hypothéquoit l'acquisition sur les complaisances de sa jeunesse. C'étoient pourtant des saints Prélats qui avoient protégé cette aimable orpheline: ainsi la malignité des hommes répand le venin de la calomnie sur les actions les plus pures. Les années n'avoient affoibli aucun des traits du caractere obligeant & sensible de cette bonne fille : moyennant un petit service que j'eus le bonheur de lui rendre, sa reconnoissance s'exalta tellement, que si je n'en avois arrêté la vivacité, elle en auroit porté les témoignages à un excès qui les auroient rendus très-embarrassans.

Elle me dit un jour qu'elle vouloit me mettre en liaison avec une bonne amie qu'elle avoit aux Dames de ***, & dont la connoissance seroit pour moi de la plus grande utilité. Elle a, ajouta-t-elle, une très-grande influence sur celui dont vous faites dépendre votre avancement; vous possédez ce qu'il faut pour la mettre dans vos intérêts, & vous pouvez compter sur toutes mes sollicitations auprès d'elle. Après cette assurance, elle prit la peine de m'annoncer par un billet. Sur la réponse qui fut faite sur le champ, elle me conduisit chez son amie.

Mademoiselle de ***, c'est le nom de celle chez qui l'on m'introduisoit, étoit une fille de vingt-deux à vingt-trois ans : par bienséance pour son genre de vie, & par des convenances de situation, elle s'en donnoit elle-même vingt-cinq. Sa figure étoit fine & spirituelle ; sans avoir réellement de beauté, elle étoit relevée par je ne sais quoi de piquant & d'animé. Avant d'entrer, ma conductrice, de ce ton dépité qu'a toujours une femme quand elle rend justice à une autre, m'avoit dit : Vous trouverez cette petite personne assez bien ; elle a de la physionomie. Mademoiselle de *** répondoit à ce portrait. Elle me reçut avec la politesse aisée & le ton facile d'une personne qui, sans vouloir choquer la décence, découvre sans façon le triomphe complet d'un esprit raffermi sur tous les préjugés de l'éducation. Sa conversation quadroit avec son extérieur : elle étoit spirituelle, vive, légere ; on pourroit même dire quelque chose de plus. Le sérieux naturel, que j'ai toujours eu dans le premier abord, ne tint pas long-temps contre ce que je prenois alors pour aisance & pour franchise. Mademoiselle de *** s'apperçut que je me livrois; elle me témoigna le défir le plus empreffé de continuer une connoiffance, dont les premiers momens, comme on le va voir, avoient monté fes idées, & elle m'affura de tous les efforts de fon crédit.

Après une vifite affez longue, mon introductrice partit; je l'accompagnai. Je m'apperçus facilement qu'elle n'emportoit point de chez Mademoifelle de ***, la fatisfaction la plus fincere des progrès rapides que je paroiffois avoir faits dans fes bonnes graces. Après un filence de quelques minutes, elle me dit : Vous avez dû la trouver fort aimable; mais je vous avertis que c'eft une petite intrigante. Au refte, ce n'eft ni votre affaire, ni la mienne : il s'agit pour vous d'en tirer parti; &, je vous le répete, elle peut beaucoup fur la perfonne dont vous avez befoin. Elle a à fes bontés des droits qui, foit dit entre nous, ne font rien moins que gratuits. Encore un coup, cela les regarde, & pour peu qu'on ait d'ufage du monde, on profite de ces choses-là sans y pénétrer.

Je fis des remercîmens à ma patrone, de la connoissance essentielle qu'elle venoit de me procurer, & des avis sages qu'elle joignoit encore à ce premier service. Je la quittai, & me mis à réfléchir aux moyens de mettre efficacement en œuvre le crédit de Mademoiselle de ***. Je résolus de la voir souvent, d'étudier ses goûts, de me plier à ses fantaisies. J'oubliois, comme je viens de le dire, que le fond de mon caractere mettroit un obstacle invincible à un pareil personnage, & que, quelques efforts que je fisse pour me vaincre, il se reproduiroit d'un moment à l'autre. Je débutai néanmoins avec un succès apparent dans un rôle aussi diamétralement opposé à mes dispositions. J'en vins jusqu'à plaire, & je fus protégé comme un favori. Le motif secret d'une chaleur aussi extraordinaire, étoit pour moi un mystere profond, que le sot amour-propre interprétoit suivant son usage. J'étois bien éloigné de me douter que cette fille rusée, portant ses vûes plus loin, & travaillant pour elle seule, cherchoit à m'affubler de la défaite de Monseigneur. Je ne devinai pas qu'aux graces qu'on n'auroit soin de m'accorder qu'en temps & lieux, on mettroit la condition déshonorante, de servir de manteau à leur commerce clandestin. La maniere assez grotesque dont cette trame se manifesta à mes yeux, servira à égayer un récit que la nature des événemens a rendu sérieux jusqu'ici.

L'amitié démonstrative, les caresses indiscretes, les avances hardies de Mademoiselle de ***. me causoient depuis long-temps des idées auxquelles mon intérêt m'empêchoit de m'arrêter. Mon protecteur, qui savoit notre liaison, m'avoit sérieusement averti de me renfermer à son égard dans des bornes exactes. Il m'avoit fait pressentir que, naturellement soupçonneux & implacable, l'Amant & le Bienfaiteur de Mademoiselle de *** feroit retomber sur moi les éclats de sa vengeance, sur la simple apparence d'une galanterie. La prudence seule auroit donc prescrit un frein aux désirs que ses agaceries auroient pu produire, & j'avois mis toute mon étude à me conduire avec elle de maniere à ménager l'amour-propre féminin, toujours si chatouilleux sur cet article.

Depuis près de quinze jours mon intrigante Beauté ne cessoit d'exprimer le désir le plus vif d'aller jouir d'un spectacle assez curieux, que répétoit tous les ans, aux environs de Paris, la pieuse extravagance d'un particulier, dont les richesses étoient immenses. L'empressement qu'avoit Mademoiselle de ***, de voir cette pompe religieuse, alloit jusqu'à la puérilité. La fréquence importune des souhaits qui sortoient de sa bouche, me mit dans le cas indispensable de lui procurer cet amusement. J'hésitai plusieurs fois en lui en parlant; j'eus soin d'accompagner mon compliment du plus superflu des correctifs, en le lardant d'une excuse sur l'impropriété de la proposition téméraire, que l'ardeur de ſes déſirs m'avoit enhardi à lui faire. Eh ! pourquoi non, reprit-elle d'un air ſatisfait, & avec le ton de la plus grande pétulance ; que voulez-vous qu'on en diſe ? Tout Paris s'y portera : ce ſera un monde ; il ſera facile de s'y perdre. D'ailleurs la Comteſſe de ***, qui habite comme moi ce couvent, ne brûle pas moins d'y aller : c'eſt une femme aimable & ſenſée ; ſa préſence en impoſera aux caquets. Mademoiſelle de *** termina cet entretien, en m'engageant à trouver parmi mes amis un homme de bonne ſociété, qui, ajouta-t-elle avec enjouement, rendra la partie carrée.

Vous devez vous appercevoir, Milord, que toute mon expérience paſſée & les nombreuſes aventures d'une vie qui avoit été fort variée & fort active, ne m'avoit pas encore dépouillé de toute ma ſimplicité Stupéfait de ce que je venois de voir & d'entendre, je m'en fus recruter une perſonne telle que Mademoiſelle de *** me l'avoit indiquée, & tout diſpoſer pour notre pélerinage.

pélerinage. Ses conséquences ne laissoient pas de m'inquiéter : je me rappelois tout ce qu'on m'avoit dit de l'humeur ombrageuse d'un homme puissant, qui pourroit fort bien ne pas s'accommoder de cette fantaisie. J'étois malheureusement trop avancé pour reculer ; j'aurois encouru une disgrace d'un autre côté, & je me déterminai à laisser voguer la galere.

A la premiere ouverture que je fis à l'ami à qui je destinois le cadeau de la partie carrée, & au récit des circonstances que m'avoient attirées cette aubaine, il s'imagina que, lui dorant la pilule, je lui travestissois deux aventurieres en femmes de condition. En vain je lui protestai qu'il iroit lui-même les prendre dans un des premiers monasteres de Paris ; il attacha malignement à ce mot, une idée qui ravaloit prodigieusement mes héroïnes ; & ce ne fut qu'à la porte claustrale, que les symboles dévots dont son architecture étoit chargée, le soulagerent enfin de ses scrupules. Il changea de ton ; j'acquis à ses yeux le relief d'un homme à bonnes fortunes éclatantes. Cette pensée se soutint dans son esprit jusqu'au moment où il eut lieu d'être convaincu comme moi, qu'on visoit, sous ces flatteuses apparences, à me ranger dans la classe endurante & bénévole de ces hommes que l'intérêt convertit en époux pacifiques & complaisans, & qui ne prennent des femmes jolies que pour la convenance d'autrui.

En arrivant au couvent, nous trouvâmes que notre partie seroit un peu dérangée par une indisposition de Madame la Comtesse de *** : elle avoit eu une horrible migraine; ma Nymphe ne voulut cependant rien y perdre; & pour faire contenance, elle plaça dans la voiture une assez gentille Soubrette en quatrieme. En trois heures de temps nous parvînmes au lieu de la solennité singuliere, qui régulièrement dépeuploit tout Paris pour vingt-quatre heures, à certain temps de l'année. Je puis vous protester que parmi tous les badauds qui s'y étoient rassemblés, il n'y en eut point de plus ébahi que moi, de la prodigalité dévote du Seigneur du lieu. Je défie l'Espagne surperstitieuse de produire un exemple d'un fanatisme aussi dispendieux. Après nous être fatigués de ces magnifiques momeries, & nous être épuisés en commentaires sur cette sainte duperie, nous fûmes faire assez gaiement sur les gazons, un très-bon dîner froid. J'avois fait pourvoir délicatement le fond du carrosse; je n'avois point oublié une ample provision des meilleurs vins; j'avois remarqué, dans toutes mes caravanes galantes, que les Beautés de ce siecle charmant, quoiqu'habituellement très-sobres, ne résistent point au bouquet que présente à leur odorat un Champagne limpide & pétillant. C'étoit ma recette pour trouver la vérité au milieu de tous ces artifices si familiers au beau sexe. Je l'avois vue souvent s'échapper de leurs levres, à mesure que cette mousse magique chatouilloit leur palais & montoit dans leur tête : mon attente fut remplie. Quand la Belle eut ressenti les atteintes victorieuses de cette liqueur enchanteresse, sa prudence l'abandonna; & ne suffisant plus à garder son secret, dans les doux épanchemens d'une agréable ivresse, elle me fit sentir que les bontés de M. *** seroient pour moi le prix d'une union formelle, qui, en lui faisant passer mon nom, ne changeroit rien à l'ordre accoutumé des choses. Elle me fit entendre, pour adoucir l'amertume nécessaire d'une pareille déclaration, que son goût secret la feroit déroger quelquefois aux conditions d'un pareil contrat.

J'écoutai avec la surprise la plus stupide, une aussi étrange ouverture : les tendres démonstrations dont elle étoit accompagnée, ne m'empêcherent point de rester glacé & immobile. Bientôt la fierté & l'indépendance naturelle de mon ame, que les vûes d'une ambition insensée avoient assoupies, se réveillerent ; dans le premier transport dont elles m'embraserent, j'aurois violé toutes les loix de la politesse Française, en recevant, avec les éclats d'une juste indignation, les contradictions ignominieuses que m'offroient le discours révoltant de Mademoiselle de ✶✶✶. Je pris sur moi-même. Dans mon embarras, je lui fis machinalement, & d'un ton sec, cette plate repartie : Mademoiselle, je n'ai encore nul dessein de me marier. Heureusement, mon ami qui, en s'écartant un instant, avoit fourni à Mademoiselle de ✶✶✶ l'occasion de s'expliquer, revint assez à propos rompre l'entretien.

La gaieté qui avoit régné parmi nous depuis le commencement de cette journée, disparut à l'instant. La conversation ne fut plus qu'un tissu de propos oiseux & décousus ; à chaque moment elle tomboit par l'intervention de quelque monosyllabe tranchant. Mon ami, qui ne pouvoit rien concevoir à un changement si soudain, ouvroit de grands yeux ; sans doute il se disoit à lui-même : Les Amans sont de sortes gens, qui, en se querellant, finissent toujours par exiler la bonne humeur. Mon intimité avec Mademoiselle de ✶✶✶

depuis le moment où nous nous étions embarqués, avoit dû donner ce cours à ses idées.

Nous regagnâmes assez nonchalamment Paris. Le refroidissement de la Belle me marqua bientôt le moment de la retraite : avec ses vûes sur moi, disparurent sa bonne volonté & ses services. Je m'apperçus, à ma premiere entrevue avec M. ***, qu'il falloit renoncer à tout espoir de son côté ; mais je n'eus pas la prudence, après cette fatale épreuve, de me retirer d'une carriere, où je n'avois pas encore le sens de prévoir qu'il n'y avoit point d'autres routes que celles que je ne pourrois jamais me résoudre à suivre. Enivré de l'espoir imaginaire & chimérique de réussir par mon application & mes talens, je me livrai encore au travail, & consommai ma petite fortune en courant cinq années après des fantômes. Je n'y renonçai enfin qu'après m'être encore vu escamoter le fruit de mes veilles, & tromper dans une seconde aventure, dont le détail n'est pas moins singulier que celui que je viens de rapporter.

Mais je m'apperçois, Milord, que nous approchons de la ville moins considérable que fameuse, où vous avez résolu de vous arrêter : je remettrai donc la suite de ce récit au premier jour où nous aurons à dissiper l'ennui du chemin, par les diversités qu'il me sera possible d'apporter dans nos entretiens.

CHAPITRE III.

Arrivée à Dunkerque ; suite & fin du récit de Bouillac.

Après avoir traversé quelques rues agissantes, propres & alignées, où les édifices, de part & d'autre, sont décens & uniformes, nous fûmes descendre, non loin du port, dans une hôtellerie dont le maître & tous les gens étoient Anglais. Il n'y avoit pas encore une heure que nous y étions ; la consigne, qui avoit reçu mon nom à la barriere de la ville, avoit à peine eu le temps de le faire connoître, lorsque quelqu'un se préfenta chez moi pour me voir. C'étoit le Commiſſaire qu'entretient la Grande-Bretagne dans cette ville. Il eſt chargé d'y veiller à l'exécution des traités du côté de la France, qui s'eſt engagée à détruire le baſſin & les forts avancés dans la mer.

Cet Officier eſt Ecoſſais; il me témoigna la prévenance la plus attentive & les égards les plus flatteurs. Je m'empreſſai de faire tomber l'entretien fur le fait de fa commiſſion; il m'offrit de parcourir avec moi les ouvrages, ou plutôt les démolitions fur lefquelles il étoit chargé d'avoir l'œil ouvert. Je faifis cette propofition. Accompagnés de Bouillac, nous fûmes examiner les ruines dont l'Angleterre fe fait un trophée fi vain & fi inutile.

Nous vîmes la place d'un port qui n'avoit jamais pu être confidérable; fans doute une ancienne habitude lui a feule confervée cette fatale importance qu'il paroît reprendre à chaque traité. A son aspect j'avois peine à concevoir comment notre politique peut se former un point aussi capital & aussi essentiel de cet objet ; & envisager un mince réceptacle de corsaires avec autant d'attention que s'il s'agissoit à la fois de l'arsenal maritime & du boulevard essentiel de la France.

J'expliquai là-dessus ma pensée ; l'Ingénieur Anglais eut la candeur d'avouer que mon observation étoit juste. Il me fit le récit de toutes les tracasseries que l'humeur inquiete de nos compatriotes avoit cherché, en différens temps, à lui susciter au sujet d'infractions prétendues de la part de la France, & de négligence ou de convenance de la sienne. Tout ceci, Milord, dit Bouillac, ne paroît être que le fruit d'un vieux point d'honneur : il s'est soutenu dans les idées de la politique de votre Gouvernement, non pas vraisemblablement parce qu'il y a attaché de l'importance, mais par la nécessité où il se trouve d'accorder souvent beaucoup aux préventions populaires. Il est trop éclairé pour ne point sentir l'inutilité de sa précision à cet égard ; c'est probablement en dépit de ses lumieres & de ses intentions, que ce fantôme, en devenant un article considérable dans les Traités auxquels la France a soin de faire valoir beaucoup son accession, lui a souvent tenu lieu d'une autre stipulation plus importante. Ce préjugé n'est pas si malheureux pour la France : la valeur qu'il attache au sacrifice qu'elle fait, a plus d'une fois sauvé à cette derniere quelque chose de plus essentiel. Louis XIV, continuat-il, avoit acheté cette place dans un temps où elle pouvoit avoir une considération militaire & maritime qu'elle n'aura plus désormais. La construction & le port des vaisseaux, l'état respectif des flottes, tout cela est tellement changé, que Dunkerque, remis dans la plus grande splendeur où il fut jamais, ne seroit ni bien utile à la France, ni bien redoutable à ses ennemis. Il est bien plus véritablement à craindre sous un autre point de vue ; mais, fous ce jour-là, toutes les précautions de la Cour Britannique ne préviendront jamais le mal qu'il peut lui faire. De tout temps ce port a fourni des corfaires hardis & courageux, qui, dès le moment des ruptures entre les deux Couronnes, ont fondu fur les navires marchands de la Grande-Bretagne, fait des prifes nombreufes dans toute la Manche, & dans la mer du Nord, dont la navigation leur eft familière. Quelques efforts que faffe l'Angleterre, voilà ce qu'elle ne préviendra jamais. Il vous eft facile, Milord, de vérifier, par l'infpection des chofes & des lieux, que dix mille bras & fix mois de temps remettront toujours Dunkerque dans l'état où la Grande-Bretagne paroît craindre de le voir. Les éclufes, qui fervent dans le fond de ce port à donner un écoulement aux eaux du pays, en laiffant un libre jeu à leur impétuofité, ferviront à balayer rapidement le fond du canal, qui eft prolongé depuis ce point jufqu'à la mer. Des fafcinages rétablis fur les bords, ces matériaux que vous voyez épars, replacés, voilà le travail fini.

Les raifonnemens que notre Commiffaire oppofa à ceux que je venois d'entendre, ne me parurent pas les affoiblir : je vis qu'ils partoient bien plus de l'intérêt de fa commiffion que de fa conviction intime.

Nous portâmes un coup-d'œil fur l'état mercantille de cette ville intéreffante. La converfation tomba enfuite fur des fujets étrangers. Vers le foir nous quittâmes notre Commiffaire, fort fatisfaits de fon efprit & de fes politeffes.

Le lendemain, de bon matin, nous prîmes la route de Lille. A travers un pays riche & fertile, nous gagnâmes Caffel, fitué fur une hauteur d'où fe préfente aux regards l'afpect le plus fécond & le plus varié que j'aye vu de mes jours. Pendant ce trajet, Bouillac, que j'avois prié de reprendre le fil de fes aventures, m'avoit à peu près parlé ainfi :

Vous

Vous m'avez paru surpris, Milord, du feu & de l'énergie que j'ai mis dans la fin de notre dernier entretien. Il faut justifier à vos yeux l'impétuosité de cette saillie. J'en étois précisément arrivé à cette partie de mon histoire, où toute la perversité & la bassesse des Grands m'ont inspiré le dégoût réfléchi de les servir. Je vais passer, sans perdre de temps, à des faits. Des changemens heureux, qui survinrent dans les affaires, laisserent voir, pendant un temps assez court, un phénomene qui releva les espérances de tous ceux qui désiroient le bien. Deux hommes, qui joignoient à des principes suivis, à une probité inaltérable, des talens, des vûes saines & grandes, du courage, parurent pendant quelques instans jouir d'un crédit bien mérité. Mais l'envie monstrueuse, les cabales de la méchanceté, les brigues & les intrigues de l'ambition croiserent tellement leurs sages entreprises, que, fatigués de l'inutilité de leurs efforts, ils désirerent eux-mêmes presque aussi-tôt de rentrer dans une obscurité glorieuse. Ils laisserent donc le champ libre à leurs ennemis : l'un de ces hommes précieux commençoit à m'accorder quelque estime. Après m'avoir fait essuyer des brusqueries au sujet de quelques opinions, qui, au premier aspect, avoient paru contredire les siennes, il me tendoit enfin la main avec cette bienveillance d'un homme supérieur & vrai, dont l'amour-propre pardonne aisément à qui a osé le contredire avec des intentions pures, courageuses, & avec les armes de la vérité.

Désolé de sa chute, sans avoir eu encore aucune part à ses faveurs, je la regardai comme une époque désastreuse, qui m'inspira les plus tristes présages. J'allois abandonner le champ de l'ambition si stérile pour moi, lorsque la seconde aventure, dont je vous ai promis le détail, vint encore me distraire d'un parti aussi sage, par des chimeres nouvelles, & achever de m'apprendre à connoître mon Siecle, & le terrein mobile sur lequel je marchois.

Un particulier, qui connoissoit mon goût pour les tableaux, me pria d'aller voir avec lui une collection assez riche dans ce genre, qui appartenoit à un homme pourvu d'une charge considérable dans la Finance. Cette proposition étoit trop de mon goût, pour ne pas m'y rendre. Il me conduisit dans un magnifique Hôtel, dont le Maître, avec beaucoup de politesse, nous fit voir plusieurs morceaux de la main des Peintres les plus célebres. Un entretien que j'eus le bonheur de rendre assez intéressant, lui inspira le désir de me connoître & de me cultiver. Il me fit une visite ; je la lui rendis. Il étoit bon homme, franc, ouvert ; il avoit dans ses manieres cette simplicité que je chéris par-dessus toutes choses. J'ignorois que la Dame du logis, que je n'avois pas encore vue, régnoit en Souveraine, & que Monsieur n'étoit que son très-humble serviteur. Elle revint ; sur les éloges pompeux & continuels que son mari lui fit de moi, j'en reçus le meilleur accueil du monde.

G ij

Je fus encore aſſez heureux pour juſtifier les idées qu'il avoit voulu lui donner. Après quelques jours de connoiſſance, s'ouvrant à moi avec le ton de l'importance & du crédit, elle m'aſſura que mes diſgraces paſſées ne devoient point abattre mon courage ; qu'elle avoit en main des moyens ſûrs de tout réparer, & qu'elle ſe feroit une gloire d'y réuſſir.

Un début auſſi extraordinaire excita toute ma curioſité & toute mon attention. Vous me paroiſſez, me dit-elle, Monſieur, engagé dans un pays inconnu dont vous ignorez les routes. Dans la confidence que vous venez de me faire de vos vûes, de vos tentatives & de vos mauvais ſuccès, je vois que vous vous êtes toujours imaginé que les chemins les plus directs étoient les plus courts. C'eſt-là préciſément votre erreur : il faut cheminer par de longs & nombreux détours, pour arriver au but que l'on a devant ſoi ; quand on ſait les enfiler à propos, on eſt étonné ſoi-même de la rapidité avec laquelle on a parcouru ce labyrinthe. Vous avez la force & la puissance d'y faire de grands pas ; j'ai la pratique de tous ses circuits, & je m'offre à marcher devant vous.

Après ce préambule, où je crus entrevoir des conseils utiles & un usage qui pourroient me servir véritablement de flambeau, elle m'interrogea sur mon pays & sur ma naissance. Dès que je l'eus satisfaite sur cet article, elle laissa échapper à mes yeux le premier trait que j'ai connu de son caractere. J'ai, me dit-elle, une origine commune avec vous. La même cause qui entraîna votre émigration & vos malheurs, a été la source de ceux de la famille dont je sors ; elle me mit alors en avant un nom fort inconnu, dont le son & l'orthographe démentoient ce que sa vanité vouloit me persuader ; aidant moi-même à la lettre, je me prêtai aux illusions qu'elle entreprit de me faire. Charmée de ma facilité, de fable en fable elle en vint jusqu'à se dire ma parente, & se proposa bien de tirer parti de cette alliance auprès des Grands chez qui elle avoit quelque accès.

Pendant un assez long entretien que nous eûmes ensemble, sa confiance augmentant à chaque instant, je m'apperçus que les agrémens de sa figure, les adresses de sa coquetterie, les ressources de son opulence, moyens qui sont de toute conséquence ici, l'avoient effectivement mise dans une passe qui pouvoit me la rendre utile. Voilà tout ce que j'appris cette premiere fois.

Ma curiosité aiguillonnée, le désir de réparer mes avances passées, me ramenerent bientôt auprès d'elle. Dans cette seconde entrevue, elle me fit part de son intimité avec A. T***. C'est un homme, dit-elle, qu'à son ordinaire, l'injuste prévention a mal jugé : il cherche sincérement le bien ; vos lumieres, vos talens lui conviendront ; je fais mon affaire de vous mettre avec lui sur un pied de considération & de confiance, qui vous fera faire un chemin rapide ; l'effet suivra de près ma promesse ; je lui ai parlé de vous ; demain dès sept heures du matin, vous aurez l'entrée de son cabinet. Présentez-vous-y de ma part, & vous serez introduit. Je savois, par expérience, combien en général l'accès des hommes en place est difficile : cette facilité extraordinaire me surprit agréablement ; je crus toucher au moment d'un changement heureux. Après avoir reçu mes remercîmens, avec les assurances de mon zele & de mon dévouement futur pour le nouveau bienfaiteur que j'allois devoir à ses bontés, Madame de *** poursuivit ainsi : » Heureuse de vous servir, Monsieur, par le sentiment d'estime que vous m'inspirez, & par l'espoir que me donnent vos talens, de contribuer à la gloire du plus aimable des hommes qui se soit jamais trouvé dans le degré d'élévation où il est, je ne mets qu'une condition à tous les services que vous devez attendre de moi ; c'est que mon mari ignorera absolument toutes les démarches où cette résolution pourra m'engager, & tout ce qui pourra se passer de relatif ».

La singularité de cette clause du traité, étoit bien faite pour donner l'essor à mes pensées. Le désir que j'avois d'en profiter, arrêta l'impétuosité de leur marche, & je m'interdis à moi-même des réflexions que je crus inutiles à mon objet. Je pris congé de Madame de ***, & ne songeai plus qu'à me trouver à l'heure prescrite au rendez-vous du lendemain.

Tout s'exécuta comme elle me l'avoit fait espérer. L'homme devant qui je parus, m'étoit connu par d'anciennes promesses, & par les fausses espérances qu'il m'avoit données dans une sollicitation antérieure, où je n'avois été aidé auprès de lui du crédit de personne. Quelque bizarre & révoltante qu'eût été la maniere dont il m'avoit leurré, je ne voulus pas le juger sur cette sinistre épreuve : je me plaisois à me persuader, qu'aidé d'une recommandation qui me faisoit ouvrir ses portes à sept heures du matin, les choses alloient prendre une autre face.

En effet, aussi-tôt que A. T*** m'eut reconnu, il me dit d'une voix douce & bénigne : « Vous n'avez pas dû être content de moi ; mais c'est bien contre mon gré que je n'ai point réalisé les espérances que je vous avois données. J'étois bien informé de ce qui vous regarde ; je faisois trop de cas de vous, pour ne point sentir bien du regret de l'impossibilité où je me trouvois de vous satisfaire ». Je ne pense plus, Monsieur, lui répondis-je, à des choses que les circonstances ont rendues trop difficiles à accorder : je viens ici purement & simplement vous offrir ma bonne volonté, mon attachement & mon travail ; je m'estimerai heureux s'ils peuvent contribuer à votre gloire. « Je désire, repartit-il, la vérité par-dessus toutes choses ». Elle est toujours dans ma bouche ou sous ma plume, lui répliquai-je ; & ceux du goût de qui elle n'est pas, l'y ont trouvée quelquefois désespérante. J'y ai beaucoup perdu fans qu'ils y aient rien gagné. » Tant mieux, continua-t-il ; vous ferez mon homme «. Nous entrâmes alors dans de longs détails fur les affaires dont la conduite lui étoit remife. Il me trouva inftruit au delà de fon attente, & défira avec ardeur de voir toutes mes idées jouer enfemble, & former un fyftême fuivi. Je reçus en même temps l'ordre de lui en offrir le tableau, la promeffe pofitive de la bienveillance la plus réelle, & des récompenfes les plus folides. Je ne crus pas devoir le quitter fans lui exprimer mes alarmes fur cette foule de fubalternes, dont l'habitude eft de fe jeter fur le paffage, & d'intercepter la vérité, afin de perpétuer impunément les abus qui leur font utiles. Il répondit à cette jufte crainte, en m'affurant du mépris qu'il avoit pour cette efpece ; & en m'indiquant les moyens d'une correfpondance fecrete avec lui, dont ame qui vive n'auroit la moindre connoiffance. Je ne tins pas à ce dernier trait : convaincu que je n'embraffois plus un fimulacre, je le quittai pour me plonger jusqu'au cou dans les occupations qui pouvoient lui être de quelque utilité.

Au comble de la satisfaction, je fus rendre compte de cette flatteuse entrevue, à celle qui me l'avoit procurée : de là, je volai chez moi m'enfoncer dans le travail.

Mon zele & mes espérances ajoutant encore à une assez grande facilité naturelle, j'enfantai en peu de jours un échantillon de l'immense ouvrage que je n'avois pas hésité à entreprendre, & je l'acheminai à sa destination par la voie convenue. Madame de *** s'étoit chargée de me rapporter la maniere dont il auroit été accueilli. Elle suivoit tous les pas de A. T*** : aussi fidele à se mettre sur ses vestiges, que l'ombre est constante à accompagner le corps qui la produit, elle changeoit régulièrement de lieu & de position avec lui. L'un & l'autre furent absens pendant quelques jours ; j'attendis leur retour avec impatience ; enfin il me fut annoncé.

Ici je commençai à démêler le fond du caractere & l'incroyable turpitude de la Financiere. Un domestique, que j'avois envoyé prendre ses ordres, me rapporta cette singuliere réponse : ” Madame vous fait dire, Monsieur, ” qu'elle vous recevra demain à onze ” heures du matin, que vous la trou- ” verez encore au lit «. Quelque étendue que fût l'idée que j'avois du manque de pudeur de mon Siecle, cette aisance effrontée me déconcerta : mon amour-propre n'a jamais été flattée de ces honteuses aventures ; les bras d'une Messaline impudente ont toujours révolté sa délicatesse. Me faisant un effort pour me déguiser à moi-même les inductions naturelles que je pouvois tirer de ce propos, je résolus d'y aller.

Le hasard me servit au gré de mes souhaits ; quelque autre protégé plus vigilant & moins délicat peut-être, m'avoit devancé. Vraisemblablement la Dame, satisfaite de son entretien, trouva convenable de l'alonger, & l'on me fit passer chez Monsieur, en
attendant

attendant qu'elle fût libre. Introduit dans le cabinet de celui-ci, mes yeux se porterent sur quelques petits tableaux en pastel, qu'il avoit récemment ajoutés à ceux dont il étoit orné. L'indécence excessive des sujets me frappa; ma surprise fut extrême, quand le bon homme me dit, d'un ton assez naïf, que c'étoient des productions du pinceau de sa femme. En dépit de tout ce que j'ai entendu dire pour justifier le cœur des conséquences du libertinage des sens, j'ai toujours tiré des inductions de la corruption des uns, contre les qualités de l'autre, qui m'ont pénétré d'un mépris involontaire pour ceux qui bravoient sans frein la décence & la pudeur. J'ai sur-tout fait, en toute occasion, l'application de cette conjecture au sexe : elle ne s'est jamais trouvée fausse.

C'est dans cette situation d'esprit, qui commençoit à m'inspirer de la défiance pour mon nouveau patron, sur qui mes idées portoient par réfraction, que j'entrai chez sa favorite. Cependant tout ce qu'elle me rapporta de flatteur du cas que A. T*** avoit fait des prémices de mon travail, me soutint dans la présomption qu'il seroit utile à ma fortune ; & le désir de l'avancer avoit tant d'empire sur moi, qu'il endormoit sans cesse ma méfiance, & m'aveugloit sur tous les piéges. Cédant à toute autre pensée, je repris avec ardeur mes vaines occupations, & je m'épuisai encore en efforts, dont je ne tardai point à connoître la sottise & la duperie.

Encouragé par les promesses verbales, que la Dame ne m'épargnoit point, pendant deux mois successifs, chaque semaine voyoit éclore quelque fruit de mes études. Je les envoyois aussi-tôt sans méfiance à celui à la gloire de qui je les consacrois. Les témoignages les plus chauds de son approbation me revenoient par la Dame, auprès de qui j'avois encore un personnage assez critique à remplir. La licence de ses maximes, & l'impudence de ses manieres avoient quelque chose de si clair ; les dégoûts qu'elle m'infpiroit étoient fi infurmontables, qu'il ne me refta plus de parti que celui de les voiler fous les dehors de la méfiance de moi-même, & d'une exceſſive timidité. A ce premier échappatoire, qui ne pouvoit pas me fervir long-temps, je fis fuccéder la démonftration adroite de cette efpece d'indifférence phyſique & morale pour les plaiſirs, que cauſe quelquefois la longue & profonde application, aux gens d'un efprit férieux & fpéculatif ; mais une femme fans pudeur, emportée dans fes caprices, égarée par la vanité, livrée à l'ardeur de fon imagination, ne lâche point aifément prife.

Le tour de toutes les perfonnes avec qui cette aventure m'avoit mis en liaifon ; l'influence qu'un être auſſi méprifable avoit fur A. T***, réveilla toutes mes alarmes ; il y fût fortement enveloppé. Madame de.... ne mettoit plus de bornes aux épanchemens de fa confiance ; elle cherchoit à m'entraîner dans les affaires où fon crédit étoit accordé, moyennant ce qu'on appelle *un tour de bâton*. D'un autre côté, le patron tenoit mon travail ; il évitoit, avec une espece d'affectation, d'en reconnoître l'exiftence & la remife entre fes mains. Je n'avois pas encore pu arracher de réponfe aux lettres que je lui écrivois. On me difoit de toutes parts, qu'ignorant, incertain, fa méthode étoit de fouffler avec dextérité les inftructions qu'il pouvoit furprendre aux gens capables de lui en donner, & de leur tourner le dos dès l'inftant où il croiroit s'être emparé de tout ce qu'ils avoient acquis de lumieres. On me citoit des exemples ; des plaintes de cette nature fe faifoient entendre par des bouches qui le juftifioient par un mérite réel, & des faits authentiques.

Je ne tins point aux inquiétudes que je reffentis d'être joué : je m'en expliquai fans façon avec Madame de ***. » Je vous ai déjà dit, Monfieur, me dit-elle, qu'il faut de la patience & de l'adreffe pour réuffir ; la premiere fur-tout est nécessaire. Au reste, ajouta-t-elle, pour calmer d'un mot vos perplexités, dans deux jours, je vais à ...... je vous mettrai encore vis-à-vis de A. T*** ; vous pourrez vous expliquer ensemble ; trouvez-vous ici à dix heures du matin, vous partirez avec moi ». Tranquillisé par une proposition aussi réelle, j'attendis le jour marqué ; je m'embarquai effectivement avec Madame de ***. Ses bontés redoubloient pendant toute la route ; lorsque nous fûmes arrivés, elle m'offrit sa table & le partage de son appartement. La derniere partie de sa proposition redoubla mes frayeurs & mon embarras. J'eus l'adresse de l'éluder : usant du privilége que je lui avois permis à mon égard, je métamorphosai en parent une connoissance que j'avois dans le lieu, & me retranchai sur l'habitude où j'étois d'y prendre mon logement.

Je m'y logeai en effet. Trois grands jours se passerent avant que les occupations de A. T*** lui permissent de m'admettre en sa présence ; tout le crédit de la Favorite ne fut pas fuffifant pour en accélérer l'inftant. Je m'avifai de communiquer à mon ami la trouvaille que j'avois faite d'une protectrice : comme elle étoit prefque domiciliée dans l'endroit, j'efpérai acquérir quelques lumieres fur tous les fcrupules qu'une longue communication avec elle commençoit à accumuler. Tout lui en étoit d'abord inconnu, jufqu'au nom fous lequel je la défignai : c'étoit effectivement celui d'une terre qu'une opulence, promptement & mal acquife, l'avoit mife à portée de fe donner. Je me rappelai affez à propos le nom véritable du Financier, fon bénévole époux. Toutes les idées de mon hôte lui revinrent. » Eh bon Dieu ! me dit-il, en quelles mains êtes-vous tombé là ? L'infamie, l'intrigue, la proftitution, la lâche condefcendance, font les artifans d'une fortune & d'un éclat qui vous en impofent. Cette femme, née dans l'obfcurité, odalifque paffagere d'un férail fameux, qu'elle a fini par pourvoir & diriger, eft aujourd'hui l'épouse d'un homme avili par cette union flétrissante. C'est l'intrigante la plus adroite & la plus méprisable qui approcha jamais de ces Grands corrompus, dont l'esprit de débauche prodigue la faveur au gré de l'importunité de ces créatures. Elle vous trompe, elle vous sacrifie, elle aidera l'homme, sur les promesses de qui vous avez la foiblesse de compter, à abuser de vos talens & de votre temps ».

Je frissonnai à cette peinture. Tout ce que je vis les jours suivans, me fit adopter, quoiqu'un peu tard, cet avis. Le Bacha fut inaccessible. Sans attendre davantage qu'il lui plût de m'écouter, je me retirai, résolu de me dédommager, en exhalant mon dépit tout haut, à quelque péril que ce pût être.

Pendant trois mois entiers, je n'approchai point du mielleux & faux protecteur, dont je connoissois les artifices & dont je méprisois les promesses. Je drapai sans ménagement son ineptie complette, son ignorance crasse ; je peignis de couleurs odieuses & ridicules ses filouteries politiques. Entouré de délateurs & d'espions, les expressions pathétiques & insultantes de mon juste chagrin parvinrent bientôt jusqu'à lui. Je savois que les gens artificieux étoient ordinairement lâches & timides : malgré son crédit & son pouvoir, j'osai blâmer son ressentiment, parce que je prévoyois qu'il auroit le caractere de son ame. J'avois deviné juste. Malgré mon indigence, je portois un nom connu ; le soin avec lequel j'avois cultivé la foible portion de talent par où le ciel a voulu me dédommager ; ma probité enfin, pouvoient donner quelque poids à mes discours ; leur hardiesse, leur fierté, & l'opinion que l'on avoit de celui qu'ils pouvoient outrager, leur faisoient trouver une prompte & facile croyance. Mon homme alarmé, ne craignant rien tant que le grand jour auquel il se déroboit sans cesse, voulut en arrêter le cours. Pour cela il résolut de faire sur moi l'impression qu'il prévoyoit devoir y être produite par un trait de grandeur d'ame affectée, que sa bassesse ne pouvoit tarder à démentir.

Au moment où j'y pensois le moins, je reçus de lui une assurance inespérée, que ses bonnes dispositions à mon égard n'avoient jamais varié : le même billet contenoit un rendez-vous pour le lendemain matin. Incertain de son issue, mais préparé à tout événement, je me présentai avec fermeté. ‶ Monsieur, me dit-il avec la douceur perfide d'une vengeance qui couve & qui se cache dans le fond d'une ame craintive, que ne rassure pas toute la puissance dont elle peut abuser, j'ai à me plaindre de vous : un ressentiment un peu précipité vous a trompé sur mes intentions ; vous m'avez déchiré sans ménagement ‶. Je le regardai ; je le pénétrai à l'instant, & je lui fis cette réponse : ‶ Peut-être, Monsieur, ne vous a-t-on pas tout dit ; je suis assez ferme, pour vous instruire moi-même de ce que ceux qui vous ont fait ces rapports peuvent avoir oublié : si vous avez la patience de m'entendre, je justifierai peut-être à vos yeux, sinon vos faits perfonnels fur lefquels je puis m'être trompé, du moins le dépit qui a pu me porter à vous juger d'après l'expérience que j'ai de quelques autres hommes élevés comme vous en dignité, qui ont abufé de mon zele, de ma patience & de ma bonne foi «. Alors je lui fis le récit des perfidies fanglantes que j'avois fucceffivement éprouvées; je terminai en lui demandant, avec courage & tranquillité, fi fon filence affecté, fi fa porte fermée pour moi depuis l'inftant où ma confiance l'avoit rendu poffeffeur de mon travail, ne m'autorifoient point à l'affimiler, dans mon opinion, à ceux qui avoient tenu la même conduite à mon égard? Déconcerté de ma fermeté : » Si j'avois eu pour vous moins d'eftime, me dit-il, j'aurois pu vous témoigner ma fenfibilité à des outrages qui étoient au moins indifcrets ; mais je veux que vous foyez de mes amis «. Je connois, Monfieur, lui dis-je, les reffources de votre pouvoir : mifes à exécution, elles auroient irrité mon orgueil ; le parti que votre juſtice vous inſpire & que je me perſuade être ſincere, eſt fait au contraire pour ſubjuguer mon cœur. ›› J'aime, me dit-il d'un ton contraint, votre audace & votre candeur; je veux vous prouver mes diſpoſitions, en aſſociant des coopérateurs diſtingués au travail que j'attends de vous. Livrez-vous-y avec confiance & activité : la récompenſe eſt au bout ‹‹.

Une déclaration auſſi claire & auſſi formelle annonçoit de près des faits qui devoient faire ceſſer toute mon incrédulité; & la honteuſe foibleſſe de A. T** pour l'indigne objet qui m'avoit conduit juſqu'à lui, n'en contrebalança point l'impreſſion. J'eus encore une fois la ſottiſe de perdre de vue ce trait caractériſtique eſſentiel, auquel tout le reſte s'aſſimile d'ordinaire dans les hommes; mais cette derniere illuſion ne fut pas de longue durée.

Je me trouvai bientôt vis-à-vis un des *faiſeurs*, avec qui A. T*** me faiſoit l'honneur de m'aſſocier. Les feintes du perſonnage, ſes faux-fuyans, ses absences affectées, son air d'importance, & sur-tout ces petits détours si misérables, que suit l'ignorance présomptueuse quand elle recule devant les lumieres ; ce ton avantageux que prend la charlatanerie pour se dérober à l'examen ; l'inutilité de mes plaintes sur son exactitude ; les excuses que A. T*** mettoit en avant pour lui, ne me laissoient plus lieu de douter que cet honnête homme ne cherchât à fatiguer ma patience, & qu'il avoit commis une de ses créatures pour trouver mon travail mauvais, le traiter d'idées usées, de répétitions inutiles, & se dispenser, par cette adresse, de m'en tenir compte, ou même de m'en savoir gré.

Mes pressentimens sur cette marche, adoptée par tous les plagiaires politiques, se vérifierent alors ; le mépris, dont tant de petitesses me remplirent, étouffa mes ressentimens : je gardai un silence dédaigneux, qui dut assez accommoder tout le monde.

Pendant trois mois que les choses en resterent à ce point, je voulus
émousser

émousser tout à fait le sentiment d'ambition qui m'avoit si long-temps & si inutilement tourmenté.

Je fis d'abord assez à propos la découverte d'une société joyeuse & brillante. La pensée accablante de cinq des plus belles années de ma vie, que je venois de perdre à courir après de trompeuses lueurs, que saisissent les seuls intrigans assez patiens pour les suivre à la trace, & assez souples pour se plier à toutes les formes que leur impose la mobilité de la scène des Cours, me pénétroient de réflexions ameres. Elles revenoient sans cesse m'affliger. Je crus les amusemens du beau monde propres à m'en distraire. Un certain feu d'imagination qui m'a souvent tenu lieu de gaieté, un flux d'idées plaisantes, dont l'étalage a masqué plus d'une fois, aux yeux de la Société, les douleurs profondes que je portois au fond de mon ame ; un enjouement factice & de commande, dont le prestige a quelquefois opéré sur moi-même, en me dissimulant mes peines secretes

Tome II.

servirent à me donner l'air du contentement, & à m'inspirer la saillie. A la faveur de cette illusion, & moyennant l'étourdissement où j'étois parvenu à me maintenir, je soutins, pendant un espace assez court, le personnage de Coryphée dans un cercle, dont le soin de courir après le plaisir faisoit l'élément & l'occupation unique.

Ce sentiment, que la Nature bienfaisante a destiné à être le consolateur de la terre, & le contre-poison aux tourmens inévitables de la vie, n'est jamais réel, s'il n'est pur & tranquille. Vous en avez fait l'expérience après moi, mon cher Milord : c'est le seul avantage que j'avois sur vous, lorsque nous fîmes connoissance. On poursuit en vain ce plaisir dans la cohue fatigante & insipide des gens à la mode; on y vend, on y achete à sa place & sous son nom, un vain fantôme, triste enfant du désordre & pere du repentir : il nous distrait, nous avilit, & laisse dans une ame vide & blasée, le trait empoisonné du dégoût & du remords.

En voyant ce tourbillon de foux & de folles, de corrupteurs & de victimes, à qui le néant de leur intelligence, secondé du hasard de la fortune, impose la nécessité de s'occuper des frivolités, & de se précipiter dans la débauche, je fus promptement désabusé de leurs joies insensées. Je m'éloignai sans peine de cette espece, moins cruellement méprisable cependant, que la volée des vils intrigans, contre lesquels je m'étois heurté dans la carriere de l'ambition. Je sentis que pour l'homme honnête & qui cherche la paix avec soi-même, il ne s'offre que deux moyens d'exister dans la Capitale : la retraite & les Lettres ; ou, si le sort l'y contraint pour le soutien de ses jours, l'occupation sérieuse, honorable & indépendante de faire parler les Loix en faveur des opprimés. La privation de toute fortune, la nécessité de pourvoir à tout, m'ôtoient la liberté du choix. J'adoptai ce dernier parti : je me livrai à l'étude de la Jurisprudence, & m'apprêtai à suivre la glorieuse profession dont le partage eſt de prêter au bon droit les armes de la raiſon & de l'éloquence. Cet état me paroiſſoit jouir de la prérogative de dire encore librement la vérité ; & je me faiſois intérieurement le ferment de ſoutenir ce noble privilége.

Tout entier à l'exécution de mon nouveau deſſein, je commençai à perdre de vue toutes mes anciennes liaiſons, lorſque la circonſtance la plus inattendue vint m'en diſtraire. Le croiriez-vous, Milord ? ce même mortel, qui, dans le rang élevé où tant de baſſeſſes l'avoient conduit, venoit d'abuſer ſi lâchement des connoiſſances de la bonne foi, & du temps d'un particulier foible & ſans fortune, ſe figura qu'il reſtoit encore quelques traits de lumieres à lui eſcamoter ; ou peut-être ſa groſſiere vanité ne m'interrompit cette fois que pour mendier mon ſuffrage, & jouir d'une approbation que ſon ignorance croyoit certaine.

Je reçus un billet de A. T*** : c'étoit un nouveau rendez-vous. Il venoit de livrer à la discussion publique, un systême relatif à la partie dont il étoit chargé, qu'il disoit de son cru. ,, Eh bien ! me dit-il en me voyant entrer, avez-vous vu mon opération ? En êtes-vous content «? Son air orgueilleux & satisfait auroit dicté à quelqu'un plus flatteur & moins véridique que moi, une réponse conforme à ses désirs. Monsieur, lui dis-je, depuis que je ne vous ai vu, une foule d'occupations privées ont détourné mes regards de tous les objets qui ne m'intéressent pas personnellement. La voix publique, bien plus sûre que la mienne, vous a annoncé son approbation, & elle n'a pas dû s'affoiblir en parvenant jusqu'à vous. ,, En pareille matiere, me dit-il d'un ton poli, elle est souvent vague & incertaine. Je fais bien plus de cas de votre suffrage ; je vous charge de m'examiner sans indulgence, & j'exige que vous me releviez sans flatterie «. Mais vous avez publié : il est un peu tard. ,, N'importe : je ne rougirai point de revenir fur mes pas ". En ce cas, vous ferez fatisfait.

Je quittai mon homme, réfolu de m'en défaire par une effrayante franchife ; & pour qu'il ne pût m'inculper, je le fis languir long-temps avant de lui donner la démonſtration que tout ce qu'il avoit fait n'étoit qu'une compilation impofante de détails précaires, liés à un principe défectueux, & dont les conféquences deſtructives n'avoient point été fenties. Il dut conclure de la critique que je lui mis fous les yeux, que j'avois deviné qu'au fond il étoit le jouet & l'inftrument d'une foule de *faifeurs*, fur qui devoient rejaillir les profits clandeſtins de tous les abus auxquels il ouvroit la porte. Il s'attendoit à des éloges ; quelle chute ! Et ce qui dut couter bien davantage à fon amour-propre groffier, comme la piece que je lui livrai m'étoit arrachée par fes importunités, il ne put fe difpenfer de la payer d'un remercîment. Vous jugez bien, Milord, qu'après cela je n'attendis plus rien de lui. Depuis ce temps, j'ai fuivi paifiblement le parti que mon expérience m'avoit appris à préférer : au fond de mon cabinet, j'apprends quelquefois que le fort vengeur fait juftice de tous ces infatiables vautours de la fociété.

Autorifée par l'impunité à étendre fes eſſais de fcélératefſe, ma Financiere ne tarda point à mettre elle-même ſes intrigues à découvert. Elle ſe livra fans fcrupule à des opérations chirographaires, qui l'ont fait transférer dans un lieu où fans doute elle déplorera long-temps ſon adrefſe & ſes aſtuces. Sa difgrace eſt d'autant plus irrémédiable, qu'elle a été précédée de la chute de ſon méprifable fauteur. Le juſte opprobre qui le pourfuivoit, l'a atteint au point le plus éclatant de ſa courſe : précipité du haut de la roue de la Fortune inconſtante, dans la fange de l'ignominie où croupiſſent ſes ſemblables après ces profpérités paſſageres, il n'eſt plus qu'un objet d'exécration pour le Public, & d'effroi pour tout Lévite avare, impudique, ambitieux & effronté, qui voudroit marcher sur ses traces.

Vous connoissez actuellement, Milord, les principaux événemens d'une vie où l'expérience à dû être bien précoce. Je ne vous entretiendrai plus des hommes avec le style de fer que vient de m'inspirer l'indignation : fatigué moi-même de tous ces ressentimens pénibles & inutiles, je veux les voir désormais, comme, du sommet d'une montagne où regne un calme inaltérable, on voit se former les nuages ; & les orages, portés dans leurs flancs, effrayer les humbles vallons qui sont à ses pieds.

Le souvenir des souffrances, qu'un peu plus de force d'ame & de philosophie m'auroient épargnées, a renouvelé une véhémence & une chaleur dont tous les jours je travaille à me défaire.

En parlant ainsi, nous cheminions tout le long du superbe & riche côteau du mont Cassel. Nous mîmes pied à terre au fommet, & de là nous admirâmes l'afpect varié & fécond d'une des plus opulentes contrées de l'Europe.

CHAPITRE IV.

Defcription du mont Caffel. Obfervations fur les mœurs des habitans de la Flandre. Arrivée à Lille. Obfervations fur Cambrai.

LE ciel étoit pur & ferein : jamais un jour plus exempt de nuages n'avoit éclairé la Nature ; ma vue s'égaroit avec plaifir fur d'immenfes campagnes où tout étoit cultivé. Vingt villes élevoient au loin leurs tours dans les nues, & tout cet efpace me préfentoit l'image la plus complette & l'idée la plus réelle de ce que l'on peut appeler bonheur politique. Le tableau riant de la Bétique de l'élégant Auteur du Télémaque, acquéroit une exiftence autour de moi. Quelle heureufe &

superbe Monarchie, dis-je à Bouillac, formeroient les dix-sept Provinces opulentes dont cet espace nous offre une partie ! Vous avez raison, Milord, me répondit-il : le peuple, rude & grossier en apparence, qui les habite, est peut-être celui de tout l'Univers dont la sagesse lente & réfléchie, & l'industrie infatigable perpétueroient le plus sûrement les prospérités. On ne trouve nulle part ailleurs des statuts municipaux aussi bien adaptés, ni des constitutions de communautés aussi bien calculées pour les lieux. Ce peuple sobre & économe marche avec pesanteur, mais avec sûreté, à ses plus grandes convenances publiques. Sous les diverses dominations qui s'en sont partagé l'empire entre elles, il a conservé les mêmes mœurs & le même esprit. La légéreté Françaife le traite de stupide ; l'orgueil Britannique ne lui fait guere plus d'honneur ; mais la preuve qu'il fait au moins ce qui lui convient à lui-même, c'est que nulle part les hommes ne sont plus fideles à leurs foyers, & que l'émigration des Flamands est plus foible que celle de tous les autres peuples.

Tandis que nous faisions ces réflexions, un Eccléfiaftique d'un extérieur fimple & vénérable approchoit de nous. Cet homme avoit un calme impofant peint fur le vifage, & le fourire de la bonté fur les levres; à mefure qu'il approchoit de nous, mon compagnon crut reconnoître fes traits; bientôt, fe précipitant dans fes bras, ils fe ferrerent avec l'ardeur de la plus vive amitié.

» Je vous croyois bien loin d'ici, mon cher & refpectable ami, lui dit Bouillac; il eft bien doux & bien flatteur pour moi de pouvoir vous préfenter Milord. Il cherche des hommes : nouveau Diogene, la lanterne à la main, il perd fouvent fes pas; aujourd'hui du moins il fera fatisfait «. Si vous voulez, Meffieurs, repartit le vieillard, vous arrêter un inftant dans la cellule fans fafte d'un fimple Hermite, le cœur du moins vous en fera les honneurs.

Ce galant homme nous conduisit, à ces mots, dans une maison modeste & décente; il nous y offrit un repas où présiderent l'amitié & la bonté. La solidité de sa raison, la douceur de son entretien, la simplicité de ses mœurs, le ton affectueux d'une Religion touchante & réfléchie, me firent désirer sincérement de voir tous ceux qui sont faits pour faire chérir le culte de la Divinité & respecter ses loix, avoir les mêmes traits & le même langage. Nous nous séparâmes avec peine de ce personnage, & nous emportâmes, en le quittant, la douce impression que doivent faire la vertu indulgente & l'exemple des mœurs sur les cœurs droits & sensibles.

Nous montâmes en voiture, & tirant vers Lille, nous admirâmes la prodigieuse circulation des chemins, la laborieuse & infatigable activité des habitans du pays, les trésors rustiques dont regorgeoient les champs, & l'air d'aisance qui régnoit par-tout. A travers plusieurs villes peu considérables à la vérité, mais
propres

propres & bien bâties fur l'efpace de huit lieues communes, nous parvînmes le même foir vers cette capitale de la Flandre.

Arrêtons-nous deux jours ici, dit Bouillac; cette ville opulente & la plus réguliere de l'Europe, fur une furface auffi étendue, réunit bien des objets qui méritent votre attention. Nulle part une induftrie égale & bien répartie, des manufactures à la portée du plus grand nombre, n'ont établi une aifance auffi uniforme. Elle a auffi un état militaire confidérable, une Nobleffe riche & fagement faftueufe. En un mot, Lille réunit tout ce qui peut contribuer à vivifier le centre principal & le chef-lieu du pays que vous venez de traverfer. Le luxe, que l'aifance n'a pu manquer d'y introduire, a cet air gauche & louche, qui prouve qu'il n'y fait point l'objet unique des habitans. Le ton à demi élégant des femmes eft la preuve qu'elles y ont confervé ces vertus domeftiques, dont le mélange doit nécessairement jeter sa teinte sur les dehors sémillans, qui font l'essence de celles de Paris, & qui ont pris sur leur caractere, au point de ne lui laisser ni substance ni solidité. La grossiéreté du bas peuple y dénote cette facilité du nécessaire qui le rend indépendant. Je n'ai jamais aimé à le voir trop poli ni trop officieux. Par-tout où j'ai été, j'ai vérifié que c'étoit le simptôme certain de sa pénurie ou de son esclavage. Les Arts libéraux ont, dans cette ville, la physionomie de ceux qui l'habitent. Ils ne sont qu'à moitié dégrossis, parce que les occupations utiles l'emportent sur les amusemens. Ce peuple semble faire la nuance entre le Batave & le Français.

Le lendemain, nous commençâmes la journée par le tour des remparts. Nous vîmes les forts, les arsenaux, & surtout la citadelle. A l'heure où nous rentrâmes, une partie de la garnison montoit la garde sur la place. Cette parade nous offrit le spectacle guerrier d'une troupe auſſi bien tenue, plus leſte & plus active que toutes celles que j'avois vues juſqu'à ce jour.

L'Auberge où nous étions deſcendus, eſt ſituée ſur la place d'armes : de mes fenêtres j'obſervai les troupes qui y étoient aſſemblées. Sortons, dis-je à mon Compagnon ; je veux conſidérer de près ces détachemens divers. Sans doute, c'eſt l'élite de cette nombreuſe garniſon. Non, me dit-il : ces piquets ou pelotons ſont fournis indiſtinctement & à tour de rôle par les régimens qui la compoſent. Avec de pareils défenſeurs, repartis-je, vous ne devriez jamais manquer la victoire. Nos troupes, répliqua-t-il, ont été bien moins ſouvent battues que nos Généraux : voilà qui tient encore plus au malheureux eſprit du Siecle qu'à toute autre choſe. A meſure que l'expérience & la connoiſſance de la Nation Françaiſe vous mettront à portée de tirer une ligne de ſéparation entre les travers du temps & ſon caractere primitif, qu'il a corrompu ; quand la conviction de ce qu'ils ont les moyens d'être, vous aura bien fait apprécier le peu qu'ils font, vous vérifierez ce jugement.

En parlant ainfi, nous étions déjà fur la place : quoique je ne fuffe pas grand connoiffeur, la précifion des mouvemens, la juftesse & le concert des évolutions, l'air actif & animé des foldats, qui défilerent au bruit d'une mufique militaire, me firent le plus grand plaifir.

Plufieurs Officiers reconnurent mon guide ; ils vinrent au devant de lui, & bientôt je me trouvai mêlé à leur entretien. Ceux qui avoient atteint l'âge de maturité, me firent voir un fens raffis uni à la politesse la plus prévenante. La jeuneffe au contraire me parut porter, un peu plus loin que toute celle que j'avois vue, le privilége d'être avantageufe & pétulante. Je crus que ma qualité d'Etranger me permettoit de me répandre en éloges fur ce que je venois de remarquer, & que la juftice que je leur rendrois feroit également flatteufe & intéreffante dans ma bouche,

Je relevai donc de bonne foi la beauté des Corps militaires que j'avois vus. En avez-vous de pareils en Angleterre? me repartit, avec une indiscrétion présomptueuse, un adolescent dont les *épaulettes* m'annonçoient qu'il commandoit tous ces vieux soldats. Monsieur, lui répondis-je tranquillement, vous les avez vus en Allemagne; vous êtes à portée d'en juger. Mon Colonel, dit à l'instant un vieux Militaire qui avoit blanchi sous le harnois, vous fait cette question, parce qu'alors, Milord, il étoit à la mamelle. A cette saillie du jeune Colonel près, qui n'étoit qu'une bouffée de jeunesse & d'inexpérience, je n'eus qu'à me louer de toutes les civilités dont on m'accabla, & des égards distingués que la rivalité n'empêcha pas tous ces braves Gentilshommes de témoigner pour la Nation à laquelle j'appartiens.

Bouillac, dont les connoissances dans cette ville étoient très-étendues, en me conduisant dans plusieurs sociétés, me mit dans le cas de juſtifier le tableau qu'il m'en avoit fait. Je remarquai ſeulement que l'ordre bourgeois étoit inacceſſible au militaire. Cette excluſion, me dit-il, eſt cauſée par la même indiſcrétion d'une jeuneſſe peu réfléchie dont vous avez ce matin éprouvé un trait. L'eſprit de galanterie, ſi répandu dans la Nation, y a ſemé la vanité puérile des bonnes fortunes. Cette maladie ne paſſe guere qu'avec l'âge où l'on y attache quelque importance, & où l'on fait ſon principal de l'art de plaire. Ces bons Flamands ont retenu quelque choſe de la jalouſie des Eſpagnols leurs anciens maîtres, & ils ferment leurs portes aux galans.

Le commerce de cette ville conſiſte en fabriques; elles y occupent tout le monde; elles l'enrichiſſent avec une proportion qui laiſſe peu d'inégalité dans les fortunes; & cette répartition, que j'ai trouvée conforme à ce que Bouillac m'en avoit dit, offre ſans contredit l'effet le plus ſatisfaiſant des influences d'un commerce combiné, pour que chacun s'en reſſente. Il eſt en grande partie l'effet de l'eſprit d'économie qui s'y eſt heureuſement maintenu : en un mot, les Lillois obſervés avec ſoin, me parurent former à peu près la portion la plus aiſée & la plus ſatisfaite des ſujets de la Monarchie Françaiſe ; & leur ville eſt un des ſéjours les plus rians qui ait arrêté mon attention dans le cours de mes voyages.

Nous partîmes de là pour Cambrai ; je vis par degré la Nature affoiblir ſes prodigalités, & l'Induſtrie diminuer ſes efforts. Après que nous eûmes traverſé Douay : Nous entrons actuellement, Milord, me dit Bouillac, dans un pays qu'a dévaſté l'avidité des Prêtres. Toutes ces campagnes ne produiſent que pour eux ; ſur dix-huit cents charrues qui les ſillonnent, quatorze cents pour le moins n'ouvrent le ſein de la terre que pour engraiſſer leur inutilité. Voyez auſſi ces miſérables chaumieres qui, au lieu de villages propres & bien peuplés, tels que ceux de la partie que nous quittons, ne préfentent plus que des hameaux minces & languiffans. A travers quelques lieues de pays, qui répondoient à cette peinture, nous approchions de la ville ; d'innombrables clochers, en s'élevant dans les airs, annonçoient à l'œil qu'il ne la trouveroit peuplée que de Bénéficiers opulens, & de Cénobites pareffeux.

CHAPITRE V.

Départ de Cambrai. Digreſſion ſur les Irlandais. Oſervations ſur les Américains. Arrivée à Péronne. Accident du voyage.

Nous ne reſtâmes dans Cambrai qu'autant de temps qu'il en falloit pour jeter un coup-d'œil ſur les édifices ſomptueux, & ſur les monumens que la Religion y a conſacrés. Cette ville n'offre d'ailleurs rien qui puiſſe ſatiſfaire la curioſité d'un Etranger. J'avois été aſſez ſurpris à la barriere, d'entendre un Caporal vêtu de rouge, donner la conſigne en Anglais à la ſentinelle qu'il replaçoit. Je fis part à Bouillac de mon obſervation. Cette garde, me dit-il, appartient ſans doute à un régiment Irlandais qui fait partie de la garniſon. Comment, lui dis-je, avez-vous encore des troupes de cette Nation ? je les croyois toutes fondues depuis long-temps dans les Corps nationaux : je vous avouerai qu'en bon Sujet de la Grande-Bretagne, je me réjouissois de cette méprise politique. Non, non, me dit-il, nous n'avons pas poussé la faute jusqu'au bout : il subsiste encore des vestiges d'un parti qui vous a inquiété long-temps. Il est vrai qu'il est trop foible & trop négligé, pour vous donner actuellement de grandes alarmes ; mais il peut encore nous enrichir à vos dépens. Toutes les fois qu'un Sujet Britannique, du Royaume d'Irlande, vient joindre nos drapeaux, nous gagnons un défenseur ; vous en perdez un, & vous avez un combattant de plus contre vous : ainsi votre perte est triple ; & notre acquisition est double. Je suis étonné, répliquai-je, que l'esprit de tolérance, qui a gagné aujourd'hui presque toutes les Nations, ne nous ait jamais ouvert les yeux sur cette partie de nos intérêts ; quelque patriote éclairé nous fera peut-être sortir enfin de notre erreur. Le catholicisme, dont l'esprit exclusif se mitige, & dont l'affoiblissement fait disparoître le danger, ne nous empêchera plus de tirer parti de nos propres Sujets.

Avouez, Milord, reprit Bouillac, que vous estimez & que vous plaignez cette Nation autant que je l'ai toujours estimée & plainte moi-même. Je souhaite que la France l'encourage si bien à venir la servir, que tous vos retours tardifs en sa faveur, ne soient jamais capables de lui faire oublier ses injures passées. Pardonnez-moi ce vœu : vous pouvez en faire de contraires ; ils prouveront également, que nous sommes au moins d'accord pour lui rendre justice. — Et comment s'y refuser ? Que de monumens dans tous les genres déposeroient contre une semblable partialité ! Dans les Lettres, dans les Sciences, à la guerre, dans les négociations, par-tout on trouve matiere à son éloge. Je vous le répete, je suis bien fâché, Monsieur le Français, que nous ayons souffert que vous en profitiez aussi long-temps. — Nous en tirons tous les jours encore des avantages sensibles : notre Administration actuelle en paroît bien convaincue, puisqu'elle s'est hâtée de réparer le mal que venoit de faire une suppression aveugle, en lui opposant une augmentation mieux raisonnée. — Par-là, répondis je, elle porte un coup très-judicieux à l'Angleterre, qui le mérite bien. Par la plus monstrueuse de toutes les contradictions dans nos vûes, nous avons donné à nos Sujets de l'Amérique le temps & les moyens de s'élever, à deux mille lieues de nous, à un point de puissance dangereux, pendant que nous avons écrasé des citoyens qui étoient à notre portée, & dont il seroit heureux aujourd'hui de pouvoir faire des défenseurs. Avec quel avantage ne les mettroit-on pas en tête aux insurgens, au lieu des stipendiaires couteux que nous allons chercher en Allemagne ? — Ah ! Milord, c'est voir avec justesse. Je pense même que cette derniere espece d'hommes, préférant son avantage personnel à votre cause,

servira

servira plus à augmenter le nombre des ennemis qu'à les combattre. Qu'est-ce que l'intérêt de la solde que vous accordez à ces mercenaires, auprès de celui que peut réveiller en eux le sort qu'ils pourroient attendre des rebelles ? Ceux-ci peuvent offrir des propriétés. — On a affecté, mon ami, de ne point appercevoir cette conséquence; néanmoins elle sautoit aux yeux. En supposant même l'issue de cette guerre triomphante pour nous, n'est-ce point évidemment multiplier les racines qui feront germer l'indépendance pour une époque moins prématurée ? — Est-il convenable que votre Ministere, éclairé par les efforts que font, pour secouer le joug, ces peuples mécontens, ne se rende pas enfin ? — Il en est de nous comme de toutes les Nations de la terre : une trop longue suite de succès a corrompu notre prudence ; & notre puissance, qui véritablement est très-grande, s'est exagérée à nos propres yeux. C'est-là le vice radical; c'est la source des pas de *clerc*, que notre

Conseil n'a cessé de faire depuis le commencement de cette fermentation. Nos victoires mêmes ne font couronnées que par des lauriers tristes & funestes. Pour notre malheur, nos circonstances actuelles dans les Indes Orientales font trop florissantes, & l'augmentation de nos exportations dans le Nord nous procure une indemnité ample du commerce intercepté de l'Amérique. Cette compensation illusoire nous dissimule la grandeur du mal : en soutenant nos facultés au même niveau, elle nous empêche de sentir le désastre réel du démembrement de notre Empire, que prépare certainement dans l'avenir, l'essai que les Américains font de leurs forces. Les fonds publics & la masse de notre commerce font les thermometres trompeurs de nos situations prosperes ou malheureuses : fiers d'avoir *autant*, nous ne fentons pas qu'il se seroit converti en *plus* : il faudroit une révolution simultanée dans les deux Mondes, pour vaincre l'obstination de nos Administrateurs, & pour les forcer de convenir de la fausseté de leurs vûes, & de l'abus palpable du système d'inflexibilité qu'ils ont adopté. Le mal qu'ils ont fait, n'est réparable qu'aux dépens d'une fausse gloire, que l'on met à l'arracher par la force, au lieu de le dissiper par des lénitifs. L'orgueil les a trompés : en supposant même le succès de leurs plans actuels, ces peuples, dont le destin inévitable est de devenir plus forts & plus nombreux, se souviendront un jour de leur sang répandu mal à propos.

Pendant cet entretien sérieux & intéressant, nous avions atteint la barriere de Péronne ; nous y étions descendus, pour laisser aux Officiers des Fermes générales la liberté de fouiller la voiture. Leurs recherches furent longues & scrupuleuses. Autrefois, Milord, me dit mon compagnon, cette place formoit la barriere de l'Empire Français ; elle marque aujourd'hui les limites de celui de la Ferme générale. Vous me dispenserez, s'il vous plaît, de vous dire mes sentimens sur des abus que l'on croit nécessaires. Je vous renvoie sur cette matiere à un grand nombre de bons Ouvrages, que l'esprit du bien public, qui survit dans quelques cœurs malgré les abus, a dictés à des plumes patriotiques.

La visite étoit finie, & nous continuâmes à rouler pendant quelques lieues sans accident : alors un Postillon maladroit, conduisant sans attention la voiture dans une orniere, dont quelques pavés dérangés formoient un ravin, brisa une de nos roues ; nous étions assez éloignés de tout secours & de toute habitation ; il se passa plus d'une heure avant qu'un de mes gens pût trouver un ouvrier qui, en réparant l'accident, nous mît en état de continuer notre route. En arrivant sur les lieux, il nous déclara que le dommage étoit considérable, & qu'il exigeroit plusieurs heures pour être réparé. En portant les yeux sur le chemin que nous avions laissé derriere nous ; Bouillac apperçut une énorme machine, attelée de six puissans chevaux qui venoient à nous au grand trop.

Il me vient une idée, Milord, me dit-il ; l'événement fâcheux, en apparence, de votre roue cassée, peut tourner à profit : nous sommes ici dans le dessein d'observer. Cette voiture qui vient à nous se nomme une *Diligence*. Le mélange & la bigarrure des Voyageurs qui la remplissent, offrent fort souvent un assortiment bizarre & singulier ; peut-être y trouverons-nous une place ; mettons-nous-y jusqu'à la ville prochaine ; & si nous y rencontrons de quoi nous amuser, nous pousserons plus loin. Votre fidele Valet de chambre, pendant ce temps, mettra votre équipage en état de venir nous reprendre, ou de nous suivre. La proposition de Bouillac étoit trop de mon goût, pour ne point l'accepter ; nous nous approchâmes effectivement de l'étui mobile ; il y restoit encore deux places à prendre. Nous espérions être dédommagés de la gêne & du désagrément d'être

L iij

assis aux portieres, par la singularité des compagnons de voyage, que le hasard nous y avoit préparés.

CHAPITRE VI.

Trajet dans la voiture publique. Scène singuliere & nouvelle pour moi. A quelque chose malheur est bon.

AU moment de prendre place dans le véhicule spacieux, où nous espérions trouver matiere à nos observations morales, j'étois convenu avec Bouillac, que le titre de Milord seroit absolument supprimé, & que, pour ne rien perdre par l'impression que pourroit faire sur les passagers de la Diligence la présence d'un homme titré, nous prendrions l'apparence modeste, lui du Secrétaire, moi du Maître-d'hôtel d'un Pair d'Angleterre qui venoit de nous précéder. La simplicité de nos vêtemens répondoit à ces deux personnages. Quelques expressions relatives, que nous lâchâmes sans affectation, empêcherent les Voyageurs de se déranger beaucoup, pour nous.

Le fond de la voiture étoit occupé par deux personnages graves & sérieux. L'un étoit un gros homme, dont le visage large & arrondi étoit diapré de bourgeons ; une perruque de voyage très-courte laissoit voir à moitié ses deux énormes oreilles ; par-dessus un habit vert bordé d'un galon très-étroit, il portoit un sur-tout d'écarlate ; sa grosse bedaine alloit & venoit à l'aise dans un large ceinturon, d'où pendoit un couteau de chasse de la longueur d'une bayonnette. A sa gauche étoit un Ecclésiastique, dont la physionomie étoit en même temps spirituelle & réservée ; tout son vêtement étoit modeste & régulier ; ses cheveux gris tomboient droit sur ses épaules ; son linge, sans manchettes, venoit emboîter bien avant son poignet : tout annonçoit dans son extérieur la prud'hommie & la discrétion. Néanmoins quelques regards, qu'il laiſſoit échapper de temps en temps, donnoient à connoître qu'il étoit peu ſatisfait du voiſinage du gros homme à la caſaque rouge.

Vis-à-vis, c'eſt-à-dire ſur le devant, étoit une jeune femme, dont l'air libre, le tout fripon, le manége agaçant & infatigable contraſtoient aſſez ſinguliérement à la régularité du maintien de l'homme d'Egliſe. Celle-ci avoit à ſon côté un jeune homme en petit collet, dont le regard libertin faiſoit voir qu'il étoit placé à ſon gré. En courant un bénéfice dans la voiture publique, il n'étoit point fâché de rencontrer une occupation galante, pour ſe délaſſer de ſon bréviaire Le reſte de la carroſſée conſiſtoit en une Soubrette Languedocienne, vive & gaillarde, qui appartenoit à la pélerine dont on vient de donner l'eſquiſſe, & un jeune homme en uniforme de Garde du Roi, qui alloit à la Cour faire ſon quartier.

Notre arrivée ſuſpendit la converſation. Pendant quarante toiſes de chemin, on fut occupé à nous considérer avec attention & curiosité de la tête aux pieds. Mon accent étranger, en se faisant sentir dans quelques phrases que j'adressai à Bouillac, confirma tout le monde dans la conjecture que le costume de mon pays avoit déjà sans doute inspirée. Le gros homme au visage enluminé, par son maintien, par l'importance & la liberté avec laquelle il souffloit, me parut avoir pris le haut bout dans ce cercle ambulant. Il m'adressa pesamment la parole : Monsieur, me dit-il, arrive sans doute d'Angleterre ? Est-ce pour la première fois qu'il va à Paris ? — Oui, Monsieur, lui répondis-je en faisant un clin-d'œil à mon compagnon. — Ah ! c'est la premiere fois, repartit-il avec pédanterie : vous allez être bien surpris, car il n'y a qu'un Paris dans le monde. Il faut y avoir été, pour avoir vu *quelque chose*. Ce début me fit deviner que j'avois affaire à un *badaud*. Je me composai, & prenant un ton très-sérieux : Vous me paroissez grand

Voyageur, lui dis-je, je m'en rapporterai bien à vous. — A moi, Monsieur l'Anglais ? je suis, graces à Dieu, Procureur au Parlement : tous les ans, pendant les vacances, je fais ma tournée ; régulièrement depuis trente ans, je visite les parties de l'Artois & des Pays-Bas qui sont de notre ressort, & j'ai même poussé, pendant l'exil, mes caravanes jusque dans le Gevaudan. J'ai vu bien du pays : après tout, je répete sans cesse qu'il n'y a qu'un Paris sur la terre. — Vous pourriez fort bien avoir raison, Monsieur : j'ai vû les Capitales de presque tous les grands Etats de l'Europe ; mais je m'attends à quelque chose bien au dessus de tout cela. — Vous ne serez pas trompé, Monsieur. En cet endroit, le Parisien nous fit une énumération pompeuse de toutes les curiosités de la Capitale, de ses ressources, de son abondance, de la bonne chere sur-tout, dont sa rotondité l'annonçoit partisan. Il convint cependant avec surprise, que ses Cliens l'avoient régalé d'assez bon poisson de mer, à Calais & à Dunkerque. Il s'étendit ensuite sur la politesse & l'esprit de ses concitoyens, & termina une assez longue harangue par le même refrein : M. l'Anglais, il faut voir Paris; *hors de Paris point de salut.*

Bouillac, qui jusque-là avoit gardé un profond silence, dans le dessein de tourmenter plus à son aise le gros citadin, prit la parole : Je l'ai vu, moi, dit-il, ce Paris. — Eh bien ! qu'en pensez-vous ? — Que c'est une ville, la seconde ou la troisieme de l'Europe en espace, & l'une des dernieres de toutes les Métropoles, par ses édifices & ses commodités. Enfilant alors rapidement toutes les ruelles & les quartiers borgnes qui déparent cette grande ville, il impatienta le Praticien par une longue lille de tout ce qu'elle renferme de pauvre & de mesquin. Ce dernier voulut en vain l'interrompre vingt fois : à peine avoit-il le temps de prononcer un *mais Monsieur*, que son antagoniste, avec une volubilité incroyable, l'accabloit de la description surchargée de tous les quartiers étroits & mal bâtis. Après avoir épuisé les reſſources de la topographie Pariſienne, pour déſoler le Bourgeois, il entreprit le chapitre de la politeſſe, & ſur-tout celui de l'eſprit des Pariſiens. Tous les monumens de la crédulité, & tous les traits de la *badauderie* lui ſervirent à cette fin. Il n'oublia pas les miracles d'un certain Diacre de Saint Médard, & les charlataneries fanatiques, connues ſous le nom de *convulſions*. — Monſieur, interrompit impétueuſement le ſuppôt de Thémis, il eſt facile de voir que vous êtes Huguenot ; vous traitez-là bien légérement des choſes, dont là grace d'en haut ne permet pas à tous les hommes d'apprécier ni de connoître le myſtere. L'Eccléſiaſtique, qui étoit à côté du Procureur, le regarda avec une pitié mêlée d'horreur ; Rouillac, qui ſaiſit ce mouvement, dit à l'inſtant : Je gage que M. l'Abbé m'abſoudroit facilement de mon incrédulité, & qu'à l'égard de tous ces prodiges ridicules, il eſt tout auſſi bon Huguenot que moi.

Le grave & taciturne Ecclésiastique ne put s'abstenir d'un sourire ironique. La casaque rouge, se tournant brusquement vers lui, l'apostropha avec colere : Monsieur, pour pousser, sous l'habit que vous portez, l'irréligion au point de se moquer de l'œuvre de Dieu, il faut que vous soyez Athée ou Jésuite. — Pour Athée, répondit sobrement le Prêtre, vous me permettrez de rejeter cette qualification : Jésuite ! je sais que dans le siecle où nous vivons, c'est un malheur ; mais à moins d'un de ces coups de la Grace, qui vous font adopter les convulsions pour des miracles, je ne me résoudrai jamais à penser que ce soit un crime. Ah ! mon Révérend Pere, repartit le suppôt de Thémis, vous êtes de la Société ! Je m'en serois parbleu douté ; nous ne sympathisions pas. Eh ! qu'allez-vous donc faire à Paris ? — Prêcher. — Prêcher ! l'on vous décrétera. — J'ose me flatter, sur d'assez fortes assurances, que le Souverain qui désire m'entendre, daignera me protéger. — Comment ! vous allez prêcher à la Cour ? — Oui Monsieur ! — Ah ! grand Dieu ! prenez pitié de nous ; la Religion est perdue ! L'enthousiasme & le zele du Janséniste, en proférant cette exclamation, exciterent dans tout le carrosse une bruyante risée ; & dès l'instant il y perdit l'ascendant que son impudence & ses poumons lui avoient donné.

La Nymphe qui occupoit une des places du devant, n'avoit prêté qu'une très-légere attention au détail de la reconnoissance bizarre qui venoit de se faire entre le Janséniste & le disciple de Loyola. Pendant ce temps-là, le jeune Abbé l'avoit entretenue d'objets trop intéressans, pour qu'elle prît part à notre entretien. Le silence, qui succéda à l'éclat de rire des autres auditeurs, lui donna occasion de demander de quoi il étoit question ? D'un combat singulier, lui dit plaisamment le Garde du Corps, entre un champion de Jansénius & un disciple de Molina : c'étoit du Grec pour celle à qui il parloit. Ma belle Dame, pour quelle grace tenez-vous, lui dit Bouillac, l'efficace ou la suffisante ? Monsieur, répliqua-t-elle, j'ai dansé vingt fois ce personnage dans le ballet de Psiché; nous étions trois, mais aucune de nous ne s'appeloit ainsi. Mademoiselle, dit le Garde du Corps, est d'un quartier de Paris, où l'on n'a pas le bonheur de s'occuper de toutes ces grandes questions. Ah ! pour cela non, répliqua-t-elle; nous avons bien autre chose à faire : ce n'est pas cependant que nous ne voyons de temps en temps bien des Abbés. Ceux-là, dit Bouillac, ne sont pas grands Théologiens. Je ne le crois pas, répliqua-t-elle; ce sont des enfans de famille, qui sont très-aimables, prennent la tonsure, obtiennent un bénéfice, & passent gaiement leur temps à faire des couplets, pincer de la guitare, & grassayer une chanson. Vous conviendrez au moins, Messieurs, dit le petit Abbé, que si cette classe n'offre pas les Membres de l'Eglise les plus savans ni les plus zélés, elle est au moins composée des plus pacifiques. Cela seroit

M ij

fort bien, Monsieur l'Abbé, répartit le Garde du Corps, s'ils n'étoient en même temps ceux de la société les plus inutiles, & s'ils ne mangeoient pas la part des autres. Indépendamment du scandale, dit alors avec gravité l'ex-Jésuite, ils ont à se reprocher d'usurper gratuitement les biens Lévitiques. Gratuitement ? répliqua le petit collet ; vous pourriez fort bien vous tromper. Je suis à la veille de conclure pour un gros Prieuré, mais je vous réponds qu'il doit couter bon à ma famille ; & quand un bien est si chèrement acquis, il me paroît assez naturel que nous ayons la liberté d'en user comme bon nous semble. Je traite avec le titulaire ; le produit doit servir à acheter une charge chez le Roi à son neveu. Fi donc ! M. l'Abbé, dit Bouillac ; vous révélez-là le secret du corps ; songez que le népotisme est une de ses vertus, & peut-être un jour aurez-vous besoin aussi d'un peu de simonie pour faire un sort à quelque collatéral.

Pardon, M. l'Abbé, dit avec gaieté

le Garde du Corps : je ne penſois point avoir affaire à un gros Bénéficier. Si j'avois été mieux inſtruit, je me ſerois bien donné de garde de prétendre à l'honneur d'être votre rival depuis le commencement du voyage. J'aurois prévu qu'aux yeux de cette belle perſonne, votre gros prieuré devoit éclipſer ma bandouliere. Eh ! que ne pouſſiez-vous votre pointe ? répondit l'Abbé : il y a deux ans que Mademoiſelle eſt à l'Opéra ; elle doit y avoir acquis de l'uſage ; elle auroit trouvé moyen de ménager les choſes au contentement de tous deux. A ce propos, continua-t-il, je vais vous faire une hiſtoire dans laquelle j'ai joué un perſonnage, à ma ſortie du ſéminaire.

Une des Graces qui figurent dans le ballet de Pſiché avec Mademoiſelle, avoit à la fois ſept Amans. A la faveur d'un huitieme, que ſon adroite imagination ſuppoſa, elle trouva le ſecret de les rendre tous heureux & contens. Chacun avoit ſon jour dans la ſemaine: tandis que l'un des ſept profitoit des inſtans fortunés que la matoiſe accordoit à ſa flamme, celui de ſes ſix Rivaux que le caprice amenoit à ſa porte, paroit ſatisfait. La Belle avoit fait en particulier avec chacun d'eux un traité : un Prince imaginaire, dont elle ſuppoſoit les bienfaits immenſes, & l'amour aſſez vif & aſſez aveugle pour bruſquer avec elle le ſacrement, étoit cenſé occuper la place; & les bontés qu'elle avoit pour les ſept Rivaux, ne leur étoient accordées que ſous la condition de reſpecter les jours de ſon Alteſſe. Tour à tour les Amans favoriſés jouoient, ſans le ſavoir, le rôle d'alteſſe pour celui qui ſurvenoit en dehors; &, par une cottiſation dont les contingens étoient plus qu'honnêtes, cette pléiade de dupes fourniſſoit l'équivalent de ce que la ruſée courtiſane auroit tiré d'un Souverain de Germanie. Malheureuſement pluſieurs des intéreſſés, gens imprudens & indiſcrets, ſe firent des confidences mutuelles : on tint conſeil; il fut réſolu de ſe venger de la perfide. On s'arrêta au parti d'aller enſemble la déconcerter par une visite simultanée. Madame, lui dit en entrant l'Orateur de la bande, nous vous apportons ici la monnoie d'un *Milord*. Messieurs, répliqua-t-elle avec cette heureuse assurance qui est propre aux élèves de l'Académie royale de Musique, je suis femme à m'en accommoder aussi bien que de la piece ; votre expérience a pu vous en convaincre. Déconcertés nous-mêmes par cette saillie, nous rendîmes hommage au mérite supérieur & au courage de notre héroïne. Persuadés qu'il n'y avoit rien à gagner à prendre la plaisanterie de travers, nous soupâmes tous ensemble de bonne humeur. Mademoiselle, qui n'a pas moins de mérite que sa compagne, nous l'auroit prouvé à tous les deux.

Le Janséniste, cruellement scandalisé de la légéreté des propos de M. l'Abbé, étoit prêt à se livrer à toute l'amertume des mouvemens de zèle qui l'agitoient; l'ex-Jésuite tenoit la vue baissée, & sa main sembloit à chaque instant prendre la route de son front pour se signer. La coryphée d'Opéra, sans respect pour les deux dévots antagonistes, se mit à rire à gorge déployée. F.... voilà un bon tour, dit-elle.

Le bizarre assortiment de gens aussi peu faits l'un pour l'autre, que le hasard avoit réunis, nous procura pendant plus de vingt lieues de chemin un amusement qui ne cédoit en rien à la comédie la plus piquante. Nous plaignîmes pourtant sincérement le pauvre Loyoliste: c'étoit, à raison de sa décence & de son esprit, le seul qui excitât notre pitié. Rassasiés des scenes que cette bigarrure ne pouvoit que produire, nous descendîmes à la poste de Senlis, où, en attendant l'arrivée de notre équipage, nous fîmes des observations sur les désagrémens des voitures publiques.

Au bout de quelques heures, nous vîmes reparoître une autre voiture, & ayant pris des chevaux vers le soir, nous gagnâmes Paris.

CHAPITRE VII.

Académie royale des Sciences.

JE me hâtai de faire à mes amis les visites d'usage, pour me livrer ensuite tout entier à l'examen de l'état actuel des Sciences & des Arts dans la capitale. La saison où j'y arrivai étoit extrêmement favorable à mon projet : c'étoit précisément le temps où toutes les Académies alloient faire leur ouverture. J'assistai d'abord avec mon ami à la séance publique & solennelle de celle des Sciences.

Je me sentis pénétré de respect, en entrant dans ce sanctuaire des plus profondes connoissances; je portai avec vénération mes regards sur un assemblage d'hommes aussi justement célèbres. Leurs travaux & leurs talens, bien plus consacrés à l'utilité publique qu'à l'acquisition d'une stérile & vaine renommée, sont au dessus des petitesses des cabales orgueilleuses, & des traits de la satire & de l'envie. Ce Corps, depuis son établissement, n'a cessé d'être le mieux soutenu, & le modele véritable de tout ce que les associations savantes & littéraires devroient être.

Le Public se pressoit en foule à la porte d'entrée; la salle fut bientôt remplie. Je remarquai qu'elle est sombre & peu spacieuse, tout-à-fait indigne de l'Académie & du Monarque qui la protege. Tout le monde gardoit un profond silence; l'air attentif & recueilli des auditeurs, annonçoit la vénération réelle que les Membres de cette Assemblée inspirent. Sincere admirateur du mérite véritable, je partageai la douceur & la justice d'un hommage aussi pur & aussi peu équivoque.

Le premier qui parla, fut le Vice-Directeur. C'étoit un Militaire d'une figure heureuse & d'un maintien noble. Il déploya une élocution simple & vigoureuse: il disserta sur la célérité & la portée des armes à feu. Il se servit d'expériences ingénieuses & exactes, pour établir une théorie lumineuse : les rapports des faits entre eux étoient constatés avec sagacité; les causes des accidens qui avoient pu déroger à leur uniformité, étoient distingués avec une clarté irrésistible : par-là ils n'ôtoient rien à l'évidence & à la force de ses corollaires les plus éloignés. Les effets incertains & inégaux de la matiere pyrique se trouvoient assujettis à un calcul aussi simple & aussi démontré que les élémens du mouvement, & les loix du choc & des frottemens des solides ordinaires.

Après ce premier Mémoire, nous entendîmes la lecture d'un Discours, à la fois brillant & solide, sur la nature & la formation des fossiles & des minéraux dans le sein de la terre; une main savante, bien faite pour peindre les œuvres riches & variées de la Nature, dévoila ses opérations secretes, avec cette élocution enchanteresse qu'elle a eu l'art de soutenir dans les premieres parties d'un immense Ouvrage, qui doit l'embrasser tout entier.

Un Académicien plein d'adresse & de sagacité donna ensuite des explications intéressantes de plusieurs faits, propres à éclaircir la nature du fluide électrique qui pénetre tous les êtres.

A ces divers Mémoires, succéda l'éloge d'un Savant que l'Académie venoit de perdre. Il fut lu par un vieillard qui, en succédant à M. de Fontenelle, avoit adopté une maniere moins piquante que celle de ce Savant bel-esprit, mais plus analogue à la gravité des Sciences exactes, & plus faite pour les lieux où il avoit à parler.

L'éloge d'un Savant est mieux rempli par l'analyse des bons Ouvrages qu'il laisse après lui, que par des réflexions yétilleuses sur sa vie privée & sur son caractere personnel. Le panégyriste avoit sans doute saisi cette maxime. D'après les découvertes du mort, d'après le commerce qu'établissent entre les Membres d'un même Corps des rapports nécessaires & fréquens, l'Auteur de cet éloge suivoit avec discernement & clarté la marche de l'esprit & la succession des

idées

idées de celui dont il entretenoit fes auditeurs. On étoit préfent aux opérations graduelles de fon entendement, pour faifir les vérités qu'il avoit découvertes ; on fe promenoit avec lui dans le monde intellectuel, que, du fond de fon cabinet, il avoit dû parcourir pour y arriver. Cette méthode de louer des hommes de génie me parut bien entendue ; je la trouvai préférable mille fois au verbiage fémillant & affecté que fit entendre, dans une autre éloge, celui qui étoit défigné pour remplacer le Secrétaire perpétuel qui venoit de parler.

Oubliant que la matiere effentielle du panégyrique d'un homme précieux à fes femblables par fes connoiffances, eft le développement de celles que fon travail leur a procurées, celui-ci fe livra aux faillies parafites d'un ftyle pointilleux & recherché. Il fit plus : au lieu d'occuper les affiftans des caracteres du génie & de la nature des études de l'illuftre mort, il affomma de digreffions laudatives quelques vivans, qui me parurent recevoir de très-bonne grace les fumées de son encens. Nous écoutâmes avec la même attention les autres objets qui remplirent cette séance; & lorsqu'elle fut finie, nous saisîmes le temps que le Public mit à s'écouler par les deux passages qui conduisent à la salle, pour faire quelques observations.

Quelle est donc, dis-je a Bouillac, cet homme d'une contenance noble & simple, qui a ouvert cette séance par une ingénieuse & savante théorie des armes à feu ? C'est le C... D... A... La Nature, dit-il, a donné à bien peu de mortels une trempe d'esprit aussi juste & aussi forte. Né avec une ame universelle, il eût réussi dans toutes les carrieres de la Littérature & des Sciences. Il possede un entendement sûr & vigoureux, à qui toute l'ardeur de l'imagination la plus vive n'a jamais pu causer de distractions. S'il s'étoit donné, pour en tirer parti, les mêmes peines que ses confreres, peut-être auroit-il renouvelé à nos yeux le phénomene dont la Nature fit l'effort lorsqu'elle créa le grand Newton. J'ignore par quelle fatalité l'Académicien dont nous parlons renonça de bonne heure à l'étude qu'il auroit fallu joindre à de si puissantes facultés Rarement il se montre dans la carriere. Jamais il n'a manqué de le faire avec le même avantage : il est à craindre que le petit nombre de choses qu'il a pris la peine d'enfanter ou de recueillir, laisse un jour à regretter ce qu'il auroit pu faire, par la supériorité du peu qu'il aura fait.

Ayez, ajoutai-je, la bonté de m'aider à connoître certain visage alongé qui se trouvoit placé en face de moi vers le centre du bureau académique? Si j'avois osé me livrer à mes conjectures, & à je ne sais quel sentiment de malignité que j'ai éprouvé en le considérant, j'aurois conclu de son air à la fois distrait & important, que l'amour des Sciences lui tient moins au cœur que la vaine gloire d'occuper ici un fauteuil.—C'est, reprit Bouillac, le foible d'un grand nombre de ceux qui y parviennent dans presque tous les Corps savans. Il faut cependant être juste à l'égard de cette Académie : ce défaut y est moins commun qu'ailleurs. Je ne doute nullement que celui que vous me citez, n'en soit un peu entiché. Si ses confreres ne l'avoient sagement arrêté dans sa course, il auroit été vîte en prétentions, & loin en charlataneries; le premier, il auroit osé l'introduire dans ce séjour de la vérité. Il est bon que vous sachiez qu'il est Astronome : il y a quelques années qu'il lut au ciel, ou plutôt qu'il rêva y avoir lu la fin du monde. En conséquence de cette vision sinistre, il prophétisa au Public crédule & facile à épouvanter, qu'incessamment une comete passeroit si près de la terre, qu'elle pourroit fort bien l'élancer hors de son tourbillon & la réduire en poudre. Cette prédiction jeta par-tout la terreur; tout le monde trembla. Le jour fatal vint enfin; l'indocile & perfide comete donna le démenti à l'Astronome; &, à l'inexprimable satisfaction de tous ceux qu'il avoit transis d'effroi, elle ne parut point. Les plaisans lui dirent de mettre une

autre fois mieux ſes lunettes; il ſe juſ-
tifia auſſi bien qu'il lui fut poſſible. Sa
fuffifance ſouffrit un peu ; mais, la ba-
lourdiſe une fois oubliée, elle repa-
rut bientôt toute entiere. Quand les
honneurs littéraires n'ont pas rendu un
homme meilleur, ils le rendent toujours
plus médiocre & plus vain. Cette ſen-
tence ſe vérifie par-tout. Heureuſe la
Société ſavante où les preuves en ſont
auſſi rares que dans celle-ci !

Puiſque nous en ſommes aux Aſtro-
nomes, avez-vous fait attention à l'Académicien qui étoit au deſſous du devin
à la comete? Il faudra lire, Milord,
un chef-d'œuvre qu'il vient de donner
au Public : c'eſt l'Hiſtoire de la Science
intéreſſante à laquelle il s'eſt livré. Ce
Livre eſt à la fois rempli d'érudition
& de jugement; les conjectures y portent un caractere de vérité preſque irréſiſtible; le ſtyle eſt clair, noble & in-
téreſſant; je vous le procurerai.

Je n'aurois jamais fini, ſi j'entrepre-
nois de vous faire connoître l'étendue
& la portée des lumieres, ainſi que la

mérite réel de tous ceux que vous venez de voir : les Ecrits de la plupart feront cent fois mieux leur éloge que mes discours ; je crois pouvoir vous assurer, sans partialité & sans prévention, que l'Académie des Sciences de Paris est le Corps le mieux préservé & le mieux formé de tous ceux qui sont établis en Europe, pour les progrès des connoissances humaines.

Je suis étonné, lui répondis-je, que vous ne m'ayez rien dit d'un de ses membres, dont la renommée a porté le nom à tous les coins du Monde savant. Si la distribution des rangs dans le Temple de mémoire se proclame jamais chez la Postérité par la voix d'un de vos plus beaux esprits, le trône du savoir lui est assuré. — On ne parvient là, Milord, que par ses œuvres ; & les éloges intéressés de tous ces trafiquans en réputations, qui voudroient exclusivement faire valoir ce fonds-là, n'assureront heureusement l'immortalité à personne. Jusqu'à leurs sots protecteurs, se consumeront, oubliés dans leur tombe, & la trace qui en reftera fera marquée par les ridicules dont les couvrent leurs injuftes prétentions.

Défignez-moi du moins, lui répliquai-je, ce perfonnage fameux ? — Volontiers. Avez-vous fait attention, à l'un des angles du bureau académique, à celui qui, appuyé fur fes coudes, a tout écouté d'un air diftrait, excepté l'éloge du *Vice-Secrétaire* ? Infenfible & fourd à tout le refte, il fe rongeoit apathiquement les ongles : dès le début de celui-ci, il a paru fe réveiller & humer avec avidité les flots de l'encens groffier que chaque période fembloit faire exhaler jufqu'à lui. Je n'aurois jamais cru, repartis-je, que ce fût lui dont on parloit : la bonne foi & la chaleur avec laquelle il fembloit applaudir à fes propres louanges, m'empêchoient de le deviner, & tant de vanité me paroît incompréhenfible. — De la vanité ! Milord ; fes partifans & leur aveugle multitude ne laiffent pas que d'avoir de l'influence ; fes partifans, dis-je, voudroient faire paffer ces bouillons d'un ridicule orgueil pour des diftractions caufées par l'heureufe fimplicité de fon caractere. Je ne puis me réfoudre à le croire: pour rejeter cette chimere, je me fonde fur fon indicible fenfiblité à la contradiction & à la critique. Il n'a jamais eu de diftraction lorfqu'elle lui a décoché le moindre trait; & la feule apparence d'une cenfure lui a toujours fait crier *au meurtre* ou *au feu*. La vanité gloutonne a le fort de l'ivrognerie: la derniere peu à peu ne trouve aucune liqueur trop forte pour un palais dont la fenfibilité eft émouffée; & l'autre parvient par degrés à gober fans pudeur les exagérations les plus groffieres. — Vous conviendrez cependant, lui dis-je, que cet homme a de grandes parties. — Dieu me préferve de lui enlever un fétu de fon mérite réel! Il a des talens, & il eft très-laborieux. La manie de ne point fouffrir d'égal, & les illufions qu'elle a produites, ont bien plus contribué à lui donner des supérieurs, que son défaut de capacité. Il est à propos de vous instruire de la marche qu'il a tenue à la tête des sectaires qu'il s'est faits, pour arriver à une domination usurpée dans l'empire des Sciences.

Nous en étions à ces mots, lorsque nous apperçûmes que nous étions restés seuls dans la salle. Nous nous hâtâmes de sortir. Bouillac me proposa un tour au Palais Royal, pendant lequel nous pourrions reprendre & achever cet entretien.

CHAPITRE VIII.

De la confédération Encyclopédique, & de quelques Grands Hommes très-vantés dans ce siecle.

Il est à propos, Milord, de vous mettre au fait du but & de la marche de la cabale qui reconnoît l'Académicien en question pour un de ses Chefs. Quant à lui, sous les apparences séduisantes de la modération philosophique, la soif insatiable de la vaine gloire le dévoroit, & l'amour de la vérité fut exilé de son cœur, par cette ambition des transcendances universelles, sur lesquelles le Poëte de Ferney a voulu élever aussi le colosse de sa renommée. Incapable probablement de s'élever jusqu'aux tons harmonieux de la Poésie, Da... T.... chercha quelque autre moyen de se signaler dans la Littérature : il publia des Dissertations seches & apprêtées ; le nombreux parti, duquel il s'étoit étayé, mit en jeu toutes les bouches de la Renommée, pour faire valoir ses arides opuscules. Il tâcha, dans ses Eloges perfides & trompeurs, de colorer le défaut d'ame & de chaleur, en le faisant passer pour la simplicité pure & correcte de la raison. L'élégance, cette perfection grammaticale à laquelle l'étude peut parvenir sans le secours du génie, fut censée dès lors le premier caractere d'un Ecrivain. Encouragé par un premier succès, notre Prosateur didactique eut la mal-adreſſe de vouloir rendre le nerveux & l'éloquent Tacite. Refroidi par la biſe de ſa diction glacée, le plus énergique des Hiſtoriens devint froid & ennuyeux comme lui-même. Tandis qu'il s'enivroit des illuſions d'une réputation littéraire auſſi peu fondée, par une mépriſe non moins fatale à ſa gloire, ſes volumineuſes compilations mathématiques le faiſoient placer, par ſes Prôneurs inſenſés, à côté du grand Newton. Le Monde ſavant, qu'ils ne purent tromper, les laiſſa ſeuls encenſer leur idole, & ſe faire parmi le vulgaire quelques proſélytes aveugles & paſſagers.

L'admiration éphémere du grand nombre de ceux-ci s'étendit à tout. L'affectation de celui qui en étoit l'objet pour la ſolitude, ſa ſobriété étudiée, ſon humeur ſauvage, ſes tics déſagréables, le ſon caſſé & la débilité de ſa voix, ſon lamentable extérieur, lui tournerent à profit ; & dans le tableau que la prévention en traça, tous ces traits paſſerent pour des ſingularités caractéristiques du génie. Dans tous les temps, la médiocrité s'est revêtue de ces caricatures, qui ont appartenu par hasard à quelques hommes célebres ; elle croit par-là se donner l'air de l'érudition & du talent que ces défauts extérieurs ont accompagné. Il n'est malheureusement que trop commun de voir les hommes, prenant l'ombre pour la réalité, s'en laisser imposer par ces symboles équivoques de la méditation profonde, qui fait oublier aux intelligences supérieures les choses ordinaires de la vie.

Il faut aussi, Milord, que je vous dise un mot de ce *Monsieur*, qui sans cesse vante au parti engoué les sublimités exclusives de son héros, qui prône, en phrases *semi-sententieuses* & *semi-épigrammatiques*, non seulement ces chef-d'œuvres présens & passés, mais ceux mêmes dont son cerveau fécond est encore gros. Ce Panégyriste est payé de ses peines, par les rayons de gloire que la reconnoissance du premier a soin de lui renvoyer par réfraction.

Ces

Ces deux mortels se sont signalés dans la fabrication du colosse de l'Encyclopédie : le premier en qualité de maître ouvrier, & le second comme manœuvre. — Comment ? vous en voudriez aussi à ce respectable dépôt de toutes les connoissances dont l'humanité a pu s'enorgueillir dans l'âge le plus éclairé que l'on puisse citer depuis la création ? — Milord, cette moderne Babel ne ressemble pas mal à celle d'avant le déluge : l'une fut le théatre de la confusion des langues ; celle-ci est le siége du chaos des connoissances. Elevée sur le plan sublime, mais défiguré de Bâcon, c'est bien plus le monument de l'orgueil d'un parti, que celui des lumieres. Cet esprit perfide & exclusif corrompt tout ce que l'entendement humain peut entreprendre ; il rend inutiles les efforts des plus grands talens, & communiquant sa teinte malheureuse à toutes les pensées, il prête les apparences trompeuses de la vérité à toutes les erreurs qui conviennent à ses fins. L'incertitude des choses humaines exige un scepticisme, dont il n'est point capable. Vingt Philosophes comme Bayle, si la Nature vouloit prendre la peine de les organiser à la fois, le flambeau du doute à la main, n'auroient peut-être pas entretenu sa lumiere salutaire, en parcourant le champ immense où les modernes Encyclopédistes s'étoient flattés de tout déterminer. Cet édifice, qui n'étoit que l'amas de leurs préjugés favoris & de leurs systêmes incertains, s'est bientôt éboulé de toutes parts. L'opinion du siecle, qui s'enorgueillissoit d'abord de le voir porter à sa perfection, est déjà fixée sur la foiblesse & sur l'inaptitude des mains qui l'entreprirent. Il ne faut pourtant point tout y mépriser. Le despotisme offensant, qui fait le principal caractere de ceux qui y ont coopéré le plus, n'est point suffisant pour justifier le jugement qui envelopperoit dans une condamnation générale les excellentes choses qui y sont répandues.

Quelques-uns des Membres du Corps savant que nous venons de voir rassemblé, infectés de l'esprit de domination dont ils avoient contracté l'habitude dans l'association encyclopédique, voulurent se signaler dans ce sanctuaire où la seule impartialité a maintenu jusqu'à ce jour le savoir véritable : ils rencontrerent les obstacles qu'a dû leur opposer une longue & heureuse expérience, que les Sciences, pour fleurir & pour s'étendre, ont besoin des rayons propices de la liberté des opinions ; & que c'est du sein des contradictions affranchies de toute contrainte, que sortent des lumieres pures & certaines. Les intrigues, ressource ordinaire de l'ignorance tortueuse & intéressée, ou du sophisme ambitieux, ont échoué contre la fermeté de ces rivaux, assez éclairés pour sentir que l'indépendance de la marche de l'esprit peut seule l'aider à parvenir à la vérité. En dépit de toutes les trames, l'Académie s'est maintenue sous la forme essentielle, & dans les priviléges constans d'une République savante.

Mon cher ami, dis-je à Bouillac,

n'y auroit-il pas un peu d'excès dans vos préventions contre ce parti ? Vous déclamez contre avec véhémence, lui dis-je : on assure que vous l'avez vivement attaqué dans vos Ecrits ; on m'a dit à l'oreille, que vous aviez une dent contre lui ; il y a même des bonnes gens, qui se figurent que vous participez aux haines dévotes que la hardiesse de leurs Ouvrages a excitées. — Milord, toutes les fois que quelqu'un blesse les dévots, ceux-ci le traitent de *Philosophe*; & toutes les fois que les prétendus Philosophes rencontrent un contradicteur, ils traitent celui-ci de dévot. Cette derniere appellation est devenue un ridicule, & l'autre me paroît une imposture & une illusion. — Eh bien ! voilà-t-il pas que vous prenez encore en main le fouet de la satire ! — Ce n'est pas mon intention : je crois ne m'armer que de la balance de l'équité. Je n'ai jamais pensé, ni prétendu dire que les hommes qui composent cette confédération littéraire, ne soient recommandables par bien des qualités supérieures. S'ils ne s'étoient eux-mêmes compromis par les emportemens & les petitesses que leur inspirent l'orgueil le plus rétréci & le plus sot, la somme moins contestée de leurs connoissances, la grandeur & la variété des talens les auroient placés hors de portée des traits de cette foule de censeurs qui les ont attaqués. Leur vanité révoltante & maussade a fait éclore les ridicules dont ils sont couverts par un Public fatigué de leurs prétentions. Au reste, Milord, pour me purger de tout soupçon, je vais vous tracer l'histoire de cette ligue, & vous exposer l'idée impartiale que j'ai tâché de me faire de tous ceux qui y figurent au premier rang.

Commençons par *Voltaire*, & rendons lui la plus rigoureuse justice. Cet homme posséda la portion d'esprit la plus brillante & la plus inépuisable que la Nature dispensa jamais à aucun mortel. La multitude & le tour séduisant de ses saillies lui tinrent lieu de génie. En est-ce assez? Mais ajoutons, en faveur de la vérité, que c'est un Auteur tout en surface. Par cette raison-là même, il a eu moins de peine à donner le ton à un siecle frivole, que s'il l'eût étonné par des profondeurs, où le peu de consistance des esprits eût empêché de le suivre. Voilà l'homme qui se présente à la tête de cette phalange. Le commencement de ce siecle lui avoit fourni des exemples de l'avantage que ce qu'on appelle *bel-esprit* aura toujours sur le génie, pour éblouir ses légers compatriotes: Racine, parmi eux, a bien plus de partisans que le grand Corneille. Vers le temps où Voltaire débuta dans le monde, le médiocre & pointilleux Fontenelle causoit un engoûment général. Le premier, bien plus libéralement partagé de tous les dons qui pouvoient faire illusion, s'est fait un culte & des adorateurs. Des apothéoses prématurées ont mis le sceau à la gloire qu'il poursuivoit: gare que la postérité ne les désavoue!

Quand le jeune Arouet monta sur la scène littéraire, fugitif & persécuté, l'*Horace Français* voyoit les fruits harmonieux de son sublime délire mis en parallele avec les stances dures & timides de La Motte Houdart. Ce bel-esprit, dont tous les Ecrits sont imprégnés de la glace académique, avoit osé marcher encore dans les mêmes routes que l'ingénu La Fontaine. Aux yeux du mauvais goût, son pointillage, péniblement rimé, soutenoit cette absurde comparaison. L'entortillage & les phrases recherchées *des Dialogues des Morts*, l'affectation de ceux *des Dieux* faisoient oublier la simplicité, le ton vrai, touchant, le style pur & arrondi du sage Fénélon. Le débutant étoit capable de prendre tous les tons : à des talens étonnans, il joignoit un caractere moral, composé dangereux de l'humeur irascible & de la souplesse du serpent ; comme lui, il pouvoit porter sa tête altiere, & pousser ses sifflemens dans l'air, & il avoit l'art de ramper par replis ; fur-tout la reſſource de lancer, de quelque manière qu'il s'y prît, des traits qui portoient un poiſon ſubtil. Senſible d'abord aux véritables beautés de l'art que ſa jeuneſſe ſentoit & reconnoiſſoit de bonne foi, il rechercha le commerce & les conſeils du célebre Rouſſeau. Bientôt il s'apperçut qu'il ſeroit plus avantageux pour lui de faire bande avec ceux que leur médiocrité & le faux goût rendoient ennemis de ce Poëte. Ceux-ci avoient accès chez les Grands ; ils dominoient dans les cercles. Le ſentiment qu'il avoit de ſes propres forces, lui fit préſumer qu'il s'éleveroit au deſſus d'eux.

Il ne tarda point à travailler pour la Scene ; de là, la néceſſité de dénigrer encore Crébillon qui tenoit entre ſes mains le ſceptre dramatique. Rien ne fut ménagé pour le lui arracher. Ces deux grands Ecrivains furent dèslors les objets perpétuels de ſon envie & de ſes ſatires, comme l'ont été depuis tous ceux dont le parallele pouvoit alarmer sa chatouilleuse & insatiable vanité.

Le sublime génie de Newton venoit de laisser, entre Descartes & lui, l'immense intervalle qu'il y aura toujours entre les vains systêmes que peut bâtir une imagination ingénieuse & féconde, & la vérité étincelante des clartés de l'évidence. Ce phénomene réveilla en France quelques bons esprits sur les progrès que l'entendement humain avoit faits en Angleterre; Voltaire fut un des premiers qui se décida à y aller exploiter des mines infiniment riches & presque inconnues. Il en revint chargé des trésors qu'il avoit puisés dans les Ouvrages des exellens Auteurs que votre Patrie a vu fleurir dans son sein. Dans la premiere chaleur de l'admiration qu'ils lui avoient inspirée, il fit naître aux Français un désir de les connoître, dont sa vanité a bien souvent paru se repentir depuis.

A mesure qu'il a copié vos Ecrivains, Milord, ſes ſuccès ont exalté ſon orgueil ; la manie d'être Original l'a rendu faux & ingrat : il voudroit aujourd'hui pouvoir les anéantir. Cet homme, extraordinaire par ſes vices autant que par ſon eſprit, eut encore le malheur d'approcher un Prince qui, pendant les diſgraces de ſa jeuneſſe, ſe familiariſa avec les Muſes, & qui conſervoit alors du foible pour ceux qu'elles comblent de leurs faveurs. Bientôt celle à laquelle Voltaire parvint auprès de lui, fit perdre à ce Poëte toute modération dans l'idée qu'il avoit conçue de lui-même : étonné de la grandeur de ſes ſuccès, probablement il ſe prit tout le premier, pour le Dieu dont, après une orgie galante & bachique, on encenſa le ſimulacre chez la Clairon.

Frédéric étoit l'effroi de l'Europe ; Voltaire voulut être le Souverain & la terreur de l'empire des Lettres. C'eſt vers ce temps qu'il poſa les fondemens de cette confédération poétique, métaphyſique, hiſtorique, mathématique,

&c. &c. connue depuis sous le nom de *Philosophes*. Arouet fut son auteur, & Berlin son berceau. Cette association, en embrassant toutes les connoissances, tous les talens, visa à ne laisser régner que ses opinions. D'abord elle arbora pour étendards, l'impartialité & la liberté. Elle se garda de découvrir les liens secrets d'unanimité, qui lui auroient donné l'air d'une Secte : c'eût été anéantir le moyen le plus fort, dont elle s'est servie pour combattre toutes les autres. Louangeurs réciproques, outrés, ses membres firent passer pour une justice désintéressée & vraiment digne de leur supériorité, les panégyriques plats & exagérés dont ils faisoient entre eux l'échange fatigant. Adulateurs souples & bas, ils s'attacherent à capter les gens puissans ; à force de flatteries, ils grossirent leur parti de tous ceux dont le crédit pouvoit les affermir, ou du moins les soustraire à la vigilance des Magistrats, que pourroit indisposer la hardiesse de leurs paradoxes irréligieux. Quelques-uns, par des tableaux ciniques & obscènes, par des Romans philosophiquement licencieux, caresserent les passions grossieres de la multitude, dans un âge où la corruption effrénée des mœurs trouvoit son compte à se pénétrer de leurs maximes. D'autres, prenant le ton sublime & dogmatique d'un pirrhonisme dédaigneux, jeterent des doutes sur les principes reçus de la morale, & ébranlerent les terreurs salutaires & inutiles des croyances religieuses, par les spéculations vagues & funestes d'une métaphysique captieuse & ampoulée. L'on vit alors se réunir avec empressement, sous leur banniere, la foule de ceux qui se plongent dans tous les excès du désordre des sens, & qui expriment leur plaisir & leur joie des pleurs des infortunés; tous les hommes, en un mot, à qui l'idée d'une futurité ne peut être qu'importune, & dont l'intérêt est de végéter sans remords.

Ainsi leurs fauteurs se sont multipliés; la médiocrité, incapable d'atteindre à la renommée, s'est encore efforcée d'y arriver

arriver sous leurs auspices. C'est par ces artifices, bien plus que par leurs talens, qu'ils obtinrent cet empire, dont le diadême fut décerné avec justice au vieillard de Ferney. Voilà comment, après lui, d'Alembert fut métamorphosé en aigle, & par quelle route le Marquis de Condorcet se flatte toujours de devenir quelque chose. Voilà les succès qui avoient persuadé à cette cabale, qu'elle commanderoit également aux hommes judicieux & savans qui composent l'Académie Royale des Sciences. — Savez-vous bien, M. Bouillac, répliquai-je, que si l'on vous entendoit discourir ainsi, on diroit que vous faites l'apôtre ? — Milord, ce n'est pas ma vocation. Mais aujourd'hui les toilettes sont couvertes de brochures ; on lit jusque dans les antichambres ; depuis dix ans je n'ai point eu un valet qui n'ait fini par m'espionner ou me voler ; d'abord j'ai pris de l'humeur, ensuite j'ai fait mes réflexions ; j'ai fini par m'en prendre à tous ces grands génies-là, & je me suis apperçu qu'il y avoit bien du monde de mon avis.

CHAPITRE IX.

Remarques sur Pygmalion.

PENDANT quatre jours, des affaires indispensables empêcherent Bouillac de me voir. J'employai cet intervalle à faire des visites de bienséance & de civilité, & à étudier les mœurs intérieures des Français que je fréquentois. J'en parlerai par la suite avec toute l'impartialité & la justice dont je serai capable : je veux donner le temps de mûrir à mes réflexions sur cet objet; & comme ce ne fut qu'à la fin de mon voyage que je crus en avoir une connoissance suffisante, je garderai mes remarques pour la fin de cette relation.

Bouillac se rendit chez moi de bon matin; le temps étoit encore calme & serein, quoique la saison fût fort avancée ; je résolus de profiter des derniers beaux jours que promettoit l'automne expirant, pour visiter les environs de la Capitale ; & j'engageai Bouillac à faire avec moi cette tournée.

Dès que nous fûmes embarqués, la conversation s'engagea sur une nouveauté dramatique que j'avois été voir la veille aux Français : c'étoit le Pygmalion du célebre Citoyen de Geneve. Malgré la haute idée que j'ai des talens de *Jean-Jacques*, je ne vois, dis-je à mon compagnon, dans ce *caprice* ampoulé, qu'une bizarrerie de son génie : sans but déterminé & sans motif raisonnable, à mon sens, les exclamations du Statuaire amoureux n'expriment que le plus extravagant & le plus lamentable des délires ; je le trouve honteux & affligeant pour notre espece. Pourquoi avoir été, en pure perte, chercher un modele aux Petites-Maisons ? Si l'on considere sous son point de vue moral la fin que l'Auteur a pu se proposer, le choix du sujet ne permet point de lui en supposer d'autre que de peindre &

de corriger l'excessive ivresse de l'amour-propre d'un Artiste épris de ses productions : la leçon seroit bonne, bien des gens seroient dans le cas d'en faire leur profit ; mais elle est absolument manquée dans l'exécution : la statue qui s'anime, a tort ; la Fable & son Copiste auroient mieux fait de métamorphoser en pierre le stupide Ouvrier auprès de son chef-d'œuvre. — Milord, ajouta Bouillac, ce sujet fut porté mal à propos du théatre de l'Opéra sur celui de la Comédie Française : le premier est le pays des chimeres ; tout ce qui est chanté, y est bon ; l'autre est celui des mœurs & de la raison ; les mêmes sujets ne sauroient lui convenir : celui-ci n'a pu y produire que des effets détestables ; pour peu même que l'esprit du Spectateur ait été tourné à mal, il a dû songer au conte licencieux du disciple de Loyola devant l'effigie du Chérubin. A tous égards, rien ne peut être plus révoltant que de voir un prodige s'opérer pour ce fou de Pygmalion ; & je me rappelle que, lorsque je le vis repréſenter, l'air & le ton d'énergumene de l'Acteur n'augmenterent point du tout l'intérêt. — Avant de connoître cette ſinguliere nouveauté, repris-je, je m'étois du moins flatté que le charme d'une muſique remplie d'harmonie & d'expreſſion ſerviroit à ſauver les défauts du ſujet. J'ai été bien ſurpris que celui qui, le premier parmi vous, fut l'Apôtre de la mélodie Italienne, n'y ait couſu que de lourdes ritournelles, bien dignes de vos Opéra Français. — Doucement, mon cher Milord, doucement : ce vacarme monotone & inſignificatif n'eſt point de *Jean-Jacques*. Il eſt à préſumer qu'en compoſant cette Piece, l'enthouſiaſme ſeul de l'harmonie l'entraîna à cette chaleur fauſſe & emphatique d'expreſſions qui n'eſt point dans la Nature, & que le chant, par lequel les tranſitions de la parole étoient liées, les rendoit au moins ſupportables. Le faiſeur de notes, qui s'eſt aviſé d'y ſuppléer, produit préciſément l'effet oppoſé par ſon tintamarre glacé & ſans force.

Milord, c'est avec raison que vous avez blâmé l'Ouvrage ; mais voici de quoi vous raccommoder avec l'Ouvrier. On m'a assuré que les Comédiens Français, gens avides & sans jugement, furent demander l'aveu de l'Auteur, pour jouer le Pygmalion. Celui-ci leur répliqua avec apathie : *Vous êtes fort les maîtres, mais c'est une grosse sottise.* — Ce trait, vraiment philosophique, repartis-je, me raccommode en effet avec mon ami *Jean-Jacques*. Je lui en voulois pour le fond & les paroles du Drame ; sa propre condamnation efface tout. Pour la musique, j'avois déjà de violens soupçons qu'elle venoit de quelque *machine à accord*.

Tandis que nous parlions ainsi, nous arrivâmes à Saint-Germain ; de là nous fûmes voir le charmant séjour de Marly ; nous nous rendîmes ensuite à Versailles. Après en avoir admiré tous les chef-d'œuvres & les détails, ainsi que tout ce qu'offrent de curieux les environs, nous revînmes à Paris, six jours après en être partis.

CHAPITRE X.

Théatre Bourgeois.

EN arrivant, nous descendîmes chez Bouillac. On lui apprit qu'un de ses amis l'attendoit depuis plus d'une heure dans son appartement.

En y entrant, nous y trouvâmes un gros homme d'une physionomie potelée & réjouie. Ah ! mon cher, dit-il en venant au devant de Bouillac, j'ai bien craint de vous voir perdre la plus intéressante de toutes nos représentations. Nous avons ce soir une société délicieuse ; nous jouons une Piece charmante ; nos Acteurs, à coup sûr, se surpasseront. Comment, morbleu, nous avons une Débutante divine ! Nous verrons tout cela, repartit Bouillac : j'ai aujourd'hui la plus grande envie du monde de profiter de l'amusement que vous me proposez. — Comment, mon ami, vous êtes un Virtuose ! nos Dames le savent: on veut que vous admiriez ; on se l'est promis. Fort bien, dit Bouillac en souriant ; mais c'est bien moins pour moi que je forme ce désir, que pour Milord : c'est un Amateur distingué que je prends la liberté de vous présenter. Milord, reprit précipitamment l'autre, joue la Comédie ? Mais vraiment j'augure bien de ses talens ; sa physionomie annonce de l'intelligence ; le sentiment est l'ame de l'Acteur.... Milord, je ne me flatte pas d'un mérite bien extraordinaire ; mais pour sentir & pour rendre.... Je vois dans vos yeux que vous ne vous en acquittez pas mal. M. de Bouillac, il faut engager Milord à être des nôtres. S'il avoit de la voix, s'il chantoit.... Précisément, il nous faut un *Colin* pour certain Opéra bouffon refondu par un Musicien Amateur. L'excessive volubilité du personnage qui parloit, le ridicule de l'apostrophe qu'il venoit de me faire dès le premier instant d'une entrevue fortuite, m'avoient pétrifié.

Je l'écoutai avec de grandes oreilles, & je ne concevois rien à tout ce que son démon dramatique lui inspiroit de bonne opinion en ma faveur. Mon ami, interrompit Bouillac, pour le coup votre physiologie est en défaut. — Milord, ajouta-t-il en se contraignant pour ne pas rire, n'a ni l'air ni la tournure d'un *Colin*. Au reste, votre méprise vient de ma faute : j'ai un peu outré son mérite, en le qualifiant d'*Amateur* ; il n'est pas plus digne que moi d'être enrôlé sous les drapeaux de votre Thalie. Mais il est Spectateur judicieux, j'aurois dû dire *Connoisseur* ; c'est à ce titre que je vous demande un billet de plus, pour qu'il puisse partager avec moi le plaisir de vous admirer. — Cela est différent : avec vous, mon cher, il ne lui en faudra pas. Je remerciai beaucoup, & témoignai d'avance la plus grande opinion de ces Histrions volontaires. Leur Député nous quitta, fort enchanté, en me disant : Vous nous direz franchement au moins, Milord, si vos Miladis s'en tirent comme nos femmes? Vive Paris pour jouer la Comédie: vous en verrez un échantillon.

Quelle est donc cette extravagance, dis-je à Bouillac aussi-tôt que M. l'Amateur eut tourné le dos ? C'est, me dit-il, une des ressources que l'oisiveté & le vide de nos cervelles tiennent des mains de la vanité, & à laquelle la galanterie trouve le mieux son compte. Il est bon de vous dire, Milord, que, dans ce siecle, le mot de *galanterie* signifie parmi les gens qui devroient être honnêtes, ce que le mot de *libertinage* exprime parmi les autres. La *mimomanie* est un mal contagieux qui s'est généralement répandu depuis les gens de la plus haute volée jusqu'à la plus mince bourgeoisie : on se fatigue, on se tracasse beaucoup pour faire pitoyablement soi-même ce que, pour un écu, on pourroit bien voir rendre par d'autres ; on déchire sans miséricorde les chef-d'œuvres des Auteurs Dramatiques ; on estropie sans pitié ceux des meilleurs Compositeurs en musique; la sotte cotterie des connoissances de chacune de ces bandes comiques vient se tuer d'y applaudir, tout en périssant d'ennui ; Messieurs les Amateurs engoués prennent cela pour argent comptant, & se rengorgent. Venez, Milord, venez, vous verrez ce que c'est ; si le cœur vous en dit, continua Bouillac, d'un ton plaisant, il ne tient qu'à vous d'être initié. Le chapeau pastoral du bon *Colin* vous attend ; allons admirer cette troupe merveilleuse ; en sortant de là, nous ferons nos réflexions sur une démence que notre inconsidération ordinaire prend pour un amusement honnête, parce que ses conséquences morales nous échappent.

Le Temple que la Thalie volontaire & ambulante s'étoit choisi ce soir-là, étoit situé dans une vaste maison *aux Marais*. Nous nous y rendîmes : ses Sacrificateurs y étoient déjà rassemblés ; nous fûmes introduits avec empressement & politesse dans un sallon, dont la moitié étoit occupée par des siéges, & l'autre masquée par une toile qui nous déroboit la vue d'un petit théatre qu'on y avoit pratiqué. Elle ne tarda point à se lever; on y joua lamentablement une petite Piece intitulée la *Pupille*; elle fut suivie d'une autre dont le sujet étoit un Amant Poëte, qui se fait Valet chez sa Maîtresse, pour avoir le plaisir d'habiter avec l'objet chéri. L'esprit satirique de quelques Spectateurs indiscrets pensa, dès les premieres scènes, empêcher cette petite Comédie d'aller jusqu'au bout.

Le fils de la maison où se donnoit le spectacle, y jouoit le rôle du Valet véritable, car l'Amant Auteur & Valet en a un. Dans une scène où il imite les rêveries poétiques & amoureuses de son Maître, celui-ci écrit les Mémoires de sa vie; & comme il veut commencer par parler de sa naissance, il cherche le nom de son pere; sa mémoire chancelle sur cette particularité, & ce premier point l'embarrasse. L'assemblée maligne & imprudente

dente se livroit à des éclats continuels; ils furent repris avec trop d'affectation dans tous les coins de la petite salle, pour que je n'y soupçonnasse point quelque mystere. Me penchant vers Bouillac, je lui demandai à l'oreille ce qu'il y avoit de si excessivement plaisant dans ce trait comique. Il tombe, me dit-il, sur celui qui a eu la simplicité de se charger du rôle dans lequel il se trouve. Madame sa mere, qui préside ici, n'a pas eu le sens de prévoir que, parmi tous les peres que l'on pourroit lui soupçonner, il seroit difficile de lui en déterminer un. On devroit au moins, par discrétion.... Par discrétion ? Non, non, Milord, on est accoutumé à payer & à siffler les Acteurs pour son argent : cette habitude prévaut même en face d'une scene gratuite comme celle-ci ; & ce persifflage est un des revenant-bons ordinaires & inévitables de tout être assez sot pour se faire Comédien Amateur.

Annette & *Lubin*, petite Piece mêlée de chant, termina le spectacle. Rien n'étoit si pitoyable que la foiblesse des voix & la médiocrité des Musiciens. On applaudissoit cependant à l'envie l'Actrice qui jouoit le personnage d'*Annette*; elle étoit assurée d'un *bravo* tumultueux chaque fois qu'elle détonnoit ; & presque pas une phrase de chant ne sortoit de sa bouche, sans porter une atteinte cruelle à l'harmonie traînante du plus pitoyable des Orchestres. Enfin, nous atteignîmes la clôture. Milord, me dit alors d'un air triomphant le gros homme à qui j'avois l'obligation des choses merveilleuses que je venois de voir, vous devez être bien content ? Convenez que pour des gens de qualité, c'est faire des prodiges. Pour obtenir plus vîte la liberté de sortir, je prodiguai les éloges ; & à travers les révérences en chorus des Amateurs rassasiés des expressions de mon enchantement, je parvins enfin à m'évader, promettant bien de ne jamais retourner à Comédie bourgeoise.

Eh bien! me dit Bouillac, vous vous en avez tâté, Milord; qu'en pensez-vous? Est-il possible, répliquai-je, que des gens, à qui leur éducation doit fournir tant d'autres ressources pour passer le temps, s'amusent à recueillir sur des tretaux des applaudissemens perfides, & s'épuisent en ridicules pour des auditeurs qui les sifflent tout bas! — Oh! vous ne savez pas tout: diriez-vous que ce gros homme si enthousiaste, qui nous a procuré nos entrées, & qui a joué le rôle *immoral* du berger *Lubin*, est un des Ediles de cette métropole? Plus occupé de son enthousiasme saltimbanque que des devoirs de son état, tandis qu'il se livre avec cette immodération à l'exercice d'un talent imaginaire & déplacé, un plat Baladin, qu'il a pris pour Maître Dramatique, gouverne sa fortune, & pille à discrétion chez lui. Le jeune homme qui avoit si gauchement pris le rôle du Valet, & qui par-là a mis en jeu la méchanceté des assistans, est à la tête d'une de nos légions. — Beau paſſe-temps, répliquai-je, pour un homme qui doit faire oublier aux vétérans à qui il commande, l'injuſtice du ſort qui donne le pas au haſard de la naiſſance & à la jeuneſſe, ſur l'expérience & les ſervices ! — Milord, ce perſonnage au ton doux & mielleux qui a fait le Petit-Maître dans la *Pupille*, & l'Amoureux Romancier en livrée dans la Piece ſuivante, eſt un grave Magiſtrat. Le ſon de ſa voix grêle, ſa taille fluette & efflanquée, ſon menton preſque ſans barbe n'empêchent pas que, depuis plus de vingt-cinq ans, il ne paſſe alternativement du Tribunal où il juge, aux treteaux où il déclame. La beauté quadragénaire qui, à l'aide d'un fauſſet aigre & peu flexible, a voulu retracer l'innocente & ſimple *Annette*, eſt une femme de robe qui égaye ſon veuvage par toutes les licences qu'il lui eſt permis de prendre. Pendant qu'elle ſe rend ainſi ridicule par des prétentions abſurdes, deux filles charmantes, enfermées dans un cloître, servent par leur retraite à dissimuler son âge & à affoiblir un peu les ridicules qu'elle se donne. Quelle société, repliquai-je, & quelle manie ! Je n'en puis revenir.— A mesure que vous fréquenterez nos cercles, vous verrez avec quel empire la frivolité y regne ; & en vérité, Milord, si vous vous donniez la peine de suivre l'éducation que reçoit la jeunesse dans ce bon pays de la *mode*, vous concluriez de toutes vos observations, qu'elle doit être l'élement unique des aimables Français ; & que la chose du monde la plus inutile, ce seroit de vouloir les dérober aux charmes qu'elle a pour eux. Je me souviens d'avoir hasardé autrefois quelques observations sur les premieres leçons qu'on y donne à l'enfance. Je fus traité de *Visigoth*. Depuis ce temps, mon zele moral s'est affoibli. Je vois avec pitié des poupées de quatre ou cinq ans faire les grandes personnes, des petits Messieurs, vrais pantins & & stupides perroquets soufflés par des bonnes imbécilles, être les petits maris, jusqu'à ce que le collége ou le couvent viennent mettre l'intervalle d'une éducation sotte & pédantesque, ou minutieuse & pleine de superstition, entre ces premieres impressions burlesques & insignificatives, & l'âge où le joug en est irrévocablement secoué. Alors dépourvus de toute idée solide & de toutes connoissances utiles, nos merveilleux & nos jolies femmes jouent la Comédie, & en répetent les scenes amoureuses derriere les coulisses. Ne faut-il pas bien qu'ils fassent quelque chose, & que peuvent-ils faire que cela ? — Je vois pleinement la liaison de cette extravagance avec le néant de l'esprit & les vices du cœur; mais je suis étonné, répliquai-je, que les peres de famille ne prévoient pas ce qui devroit être une suite fréquente d'un amusement moralement aussi dangereux. Vous devez certainement en avoir des exemples journaliers. En Angleterre, où le sérieux des mœurs feroit interdire de pareils essais à la jeunesse, la lecture seule des Poëtes Dramatiques entraîne vers le théatre des jeunes gens de famille, au grand regret de leurs parens. Ce doit être bien pis ici, où cet apprentissage peut se faire dans leur sein, & être encouragé par leurs applaudissemens indiscrets & funestes. — Votre conjecture est vraie; nombre d'exemples la justifient. L'histriomanie, aussi imprudemment autorisée, a fait passer dans cette profession décriée, des sujets faits pour des états relevés dans la société; & plus d'un pere de famille, éclairé par une cruelle expérience, déplore le déshonneur de sa fille, séduite derriere les coulisses bourgeoises, ou l'infamie de son fils errant sur les treteaux du Royaume. En voilà assez, je pense, Milord, sur ce sujet. Nous communiquerions en vain ces spéculations aux intéressés : leur vanité nous feroit passer pour des censeurs importuns, des ennemis atrabilaires de l'art & du talent, & des hommes inaccessibles aux effets du sentiment qui en est la base. Taisons-nous. Il vaut mieux, pour notre repos, que l'universalité de cette manie ne rencontre en nous que des spectateurs bénévoles.

Nous nous séparâmes pour quelques jours ; je les passai chez moi, partagé entre le soin de quelques affaires dont je m'étois chargé à mon départ de Londres, & la lecture de quelques Ouvrages nouveaux, entre autres celle des Feuilles périodiques choisies, que mon ami avoit rassemblées pour me mettre au courant de la Littérature actuelle. Il est à propos de laisser reprendre haleine au Lecteur, pendant que je tâcherai de lire ces Productions éphémeres.

CHAPITRE XI.

Idée des Journaux. Remarques sur quelques Aristarques. Promenade. Rencontre fortuite d'un Pauvre honteux. Entretien intéressant sur les caracteres de l'infortune.

AU bout de quelques jours, Bouillac revint chez moi : j'étois plongé dans la lecture dont j'avois résolu de m'occuper. Malgré mon assiduité, je n'étois pas encore parvenu à nager sur cette mer d'Ecrits périodiques, dont la publication fait vivre bien plus de monde qu'elle n'en instruit.

Allons, Milord, me dit Bouillac, laissez-moi là tous ces Charlatans à travers lesquels on ne peut recueillir que de fausses lumieres & des décrets incertains du mensonge & de la haine. Je m'apperçois avec plaisir que la plupart des Lecteurs, fatigués de leurs impostures, & instruits par expérience à se défier de leurs sentimens, ne s'arrêtent point à leurs trompeuses opinions. Laissez-les là, croyez-moi, & allons respirer aux Tuileries, l'air pur d'une des dernieres belles matinées, dont l'approche des frimas nous laissera la jouissance.

Nous partîmes. Presque en entrant dans ce superbe jardin, Bouillac fut abordé par un Politique de sa connoissance; il lui fallut essuyer le récit de cinq ou six défaites chimériques de nos troupes en Amérique, & le développement de deux ou trois projets anti-Anglicans, dignes du cerveau solide & fécond d'un Chapier de la terrasse. Tandis que, bon gré malgré lui, ce fâcheux interlocuteur l'étourdissoit de sa politique babillarde, je me trouvai pendant quelques secondes à l'écart. Un vieillard en haillons jadis noirs, mais presque blanchis à force de vétusté, m'aborda; une vieille épée, dont la poignée étoit d'un similor terni, se faisoit voir par l'ouverture des plis de côté de son justaucorps délabré:

il m'adreſſa la parole pour me demander la charité. Je fixai cet infortuné ; la profonde douleur dont il paroiſſoit accablé, n'empêchoit point ſon viſage de conſerver un air de dignité , juſque dans l'acte humiliant d'un malheureux qui implore le premier beſoin de la vie. Quelques cheveux gris & fort rares ſur un front chauve & élevé ; un regard aſſuré, quoiqu'amorti par la douleur ; des traits réguliers & bien marqués, malgré la trace des ſouffrances imprimées ſur ſes joues ; un ſon de voix ferme, quoiqu'abattu : tout rendoit ſon extérieur reſpectable & attendriſſant. Son aſpect m'émut juſqu'au fond de l'ame ; je me hâtai de lui donner tout ce que j'avois ſur moi, & je fus fâché de n'en avoir pas davantage. Après avoir ainſi ſatisfait aux mouvemens de ma pitié, je lui tournai le dos, & marchai rapidement pour rejoindre mes compagnons. Monſieur, s'écria l'Indigent en redoublant le pas après moi vous vous êtes aſſurément mépris ! vous ne vouliez pas me donner tant. Non, bon vieillard, lui dis-je, non, ma main a été fidelle à ma volonté; prenez & éloignez-vous, vous me faites peine. Il s'éloigna en effet, & je vis quelques pleurs remplir ses yeux & prêts à couler sur son visage. Je rejoignis bientôt Bouillac & le Politique, dont la loquacité absurde & inépuisable lui faisoit maudire intérieurement la rencontre. Il continua encore pendant quelques tours d'allées à nous assommer de ses ridicules spéculations: enfin, époumonné par un flux de paroles d'une demi-heure, & las sans doute de pérorer aussi long-temps sans trouver personne qui lui répondît, il nous laissa en liberté.

Je racontai à mon ami ce qui s'étoit passé entre le pauvre & moi. Je ne sais, ajoutai-je, mais j'ai la plus grande curiosité de revoir cet homme: sa physionomie m'a frappé; ce n'est point un malheureux ordinaire. Cette grande ville, Milord, repartit Bouillac, offre un vaste champ à une ame sensible &
humaine

humaine comme la vôtre ; prenez-y garde cependant : parmi la multitude d'objets sur lesquels la compassion trouve à s'exercer, elle peut très-facilement s'égarer. Les quartiers éloignés sur-tout, recelent nombre d'infortunés, qui vont en gémissant y réfugier une misere dont ils rougissent. — Ceux-là sont bien les plus malheureux & les plus dignes de pitié. — L'on a vu sous le costume laborieux & pénible d'un porteur d'eau, un homme, forcé par le besoin & la pauvreté, de déposer la décoration stérile dont la Patrie avoit honoré ses services, chercher l'aliment & le soutien de ses jours dans ce métier rude & abject. Il expira, il y a quelques années, de froid & de misere, entre les compagnons grossiers de son travail journalier, inconnu de ceux dont l'horrible indigence l'avoit rendu l'égal, & après avoir confié son secret au Ministre de la Religion, qui recueillit ses derniers soupirs. Mais ces exemples de constance & de calamité sont rares.

— Eſt-il poſſible qu'un individu qui a des droits à la reconnoiſſance publique, ſe trouve livré à un auſſi affreux abandon ! Mon ami, j'aime à croire pour notre honneur, que cela ne s'eſt jamais vu chez nous. Peut-être au reſte n'avoit-il à accuſer que ſes propres excès d'une auſſi touchante diſgrace ; peut-être ne s'étoit-il pas renfermé dans les bornes de la modération, qui auroit pu rendre ſuffiſant à ſes beſoins le pain que toutes les Nations policées aſſurent à ceux qui ont vieilli en les défendant ; mais même en ſuppoſant ce dernier cas.... — Non, Milord, non ; nous avions à eſſuyer des temps malheureux ; les paiemens de toute eſpece étoient difficiles, parce que, diſoit-on, les charges publiques excédoient les moyens. — Eh ! n'étoit-ce pas là la plus ſacrée ? — Parlez bas, M. l'Anglais, parlez bas ; il ne faut pas s'échapper ici. Revenons à votre indigent ; je vous avoue que je n'en ai pas auſſi bonne opinion que vous ; je ſuſpecte le manque de délicateſſe de celui qui s'avilit jusqu'à mendier dans un lieu public. — Mon cher Bouillac, la nécessité rigoureuse & toute-puissante n'a jamais connu de loi ; les vains scrupules de la vanité sociale ne tiennent jamais devant elle : approfondissez bien ce que vous appelez *délicatesse*, vous verrez que c'est un déguisement d'orgueil ennobli par un préjugé. Le malheureux que j'ai vu est probablement privé de ses forces physiques ; il n'est point pour cela délivré des besoins. Malheureusement tous ceux qui en éprouvent l'empire, n'ont point reçu de la Nature des épaules de porteurs d'eau. Ce que j'ai toujours vu de plus cruel & de plus horrible dans la transition des prospérités ou de l'aisance, aux adversités & à l'extrême infortune, c'est que lorsque la pauvreté vient inopinément l'assaillir, il se trouve que les chagrins commencent par affoiblir le corps, & ont mis hors de sa portée tous les moyens d'en braver les traits. Le choc des adversités ne plie pas toujours tellement l'ame, qu'elle ne puisse se redresser ensuite ; mais les trois quarts du temps, lorsqu'elle revient sur elle-même, il est trop tard pour la machine : l'ébranlement qu'elle a reçu, se trouve irréparable. Quelle autre ressource alors que celle de demander ou de périr ? Je vois le suprême effort du courage, dans un infortuné qui soutient avec fermeté ce dernier excès d'humiliation aux yeux d'une société fantasque & puérile, où la vanité a forgé la moitié des vertus. — C'est justifier votre Pauvre avec l'adresse de la pitié la plus noble & la plus réfléchie. — Je parierois, sans le savoir, vous avoir fait son histoire.

A ces mots, nous nous enfonçâmes dans les allées du bas du jardin ; après en avoir parcouru inutilement le plus grand nombre, j'eus le plaisir enfin d'appercevoir mon Mendiant qui descendoit lentement vers le bassin du pont tournant. Nous l'eûmes bientôt joint. Pardon, Monsieur, lui dis-je ; j'ignore pourquoi, mais je ne puis résister au désir de vous parler. Ah ! Monsieur, me répliqua-t-il avec l'empressement le plus timide, vous vous ferez sans doute apperçu de la force du quiproquo que vous avez fait : l'objet étoit trop considérable, je m'en étois bien douté, mais voici encore le tout. — Non, Monsieur, non ; un autre motif m'a fait désirer de vous rejoindre : il vous paroîtra peut-être extraordinaire & singulier que je vous déclare que le sentiment de l'intérêt le plus vif m'y a porté tout seul. L'honnêteté de ce que vous venez de faire, justifie mon pressentiment. Je suis homme & sensible ; la Fortune a mis entre mes mains les moyens de satisfaire mon inclination naturelle. Ne me refusez point de m'apprendre vos malheurs ; je suis jeune, j'ai besoin d'expérience, & c'est auprès des infortunés que j'aime à en acquérir. — En vérité, Milord, me dit Bouillac à l'oreille, voilà une fantaisie qui est bien Anglaise ! — Laissez-moi la suivre, mon cher ; vous savez que j'en ai eu de bien plus condamnables. — Faites donc. — Adressant alors la parole à mon Pauvre : Respectable vieillard, ajoutai-je, venez à deux pas d'ici, vous verrez que ma curiosité sur les accidens qui ont pu vous réduire à une condition si déplorable, n'a rien d'outrageant pour vous. Il me fixa; puis laiffant échapper quelques larmes: Homme généreux, répondit-il avec un foupir, le premier que j'aye rencontré auffi fenfible à mon infortune, je vous apprendrai fans crainte ce que vous défirez favoir. Vous n'êtes ni un lâche fauteur, ni un vil efpion, tels que ceux qu'emploient des Satrapes trop puiffans pour ravir la liberté, plus chere mille fois que l'exiftence, aux infortunés qui font obftacle à leurs penchans corrompus, ou qui portent ombrage à leurs fantaifies perverfes; je me dévoilerai, pour juftifier votre compaffion pure & magnanime. Votre conjecture eft vraie: des atrocités, qui crient vengeance, ont fait de moi un mendiant infirme, honteux & fugitif. Vous faurez mes difgraces cruelles: fi la charité bienfaifante vous a parlé en ma faveur, la défiance continuelle qu'elles doivent m'inspirer pour tous les hommes qui m'approchent, & la haine dont je suis pénétré pour eux, s'assoupissent & se taisent dans mon cœur à votre aspect. Je fus pénétré de ce discours. Bouillac resta une minute immobile & attendri. Mon cher Milord, me dit-il d'un ton fort ému, votre cœur, par la maniere dont il discerne les infortunés, fera une ample réparation des illusions passageres, & des malheureuses prodigalités de votre premiere jeunesse. Le langage & le maintien de ce vieillard font désirer de l'entendre & de le connoître. Heureux ceux qui sont à portée, comme vous, de joindre des secours réels aux mouvemens d'une commisération touchante ! Menons-le chez un des Portiers du jardin ; nous y prendrons un cabinet isolé, & là vous donnerez un libre cours au sentiment précieux & respectable d'humanité qui vous a parlé pour lui. Nous nous rendîmes chez celui qui habite à l'extrémité de la terrasse; &, sur les assurances les plus fortes de notre discrétion, le malheureux, après avoir fermé les portes avec la précaution la plus craintive, nous fit d'une voix basse le récit suivant.

CHAPITRE XII.

Récit du Pauvre.

UN trait d'infamie, que j'ose appeler involontaire, souilla une des époques décisives de ma vie ; il a donné cours au torrent d'infortunes qui m'ont accablé pendant dix-huit ans, & il est la source des larmes ameres qui détrempent le pain que je dois depuis quelques mois aux ames sensibles qu'attendrit ma misere profonde. Je suis sorti d'une famille noble & indigente de Basse-Bretagne. Mon pere, le plus pauvre Gentilhomme de sa Province, & c'est beaucoup dire, esclave, aussi bien que ses voisins, de l'usage insensé qui interdit dans ce pays toute industrie à la

Nobleſſe, cultivoit orgueilleuſement le champ ſtérile & borné de ſes aïeux. Il nourrit dans les ames de ſes fils, dont j'étois le dixieme, la fierté oiſive & déplacée d'une extraction antique, qui ne pouvoit qu'être à charge à des indigens comme nous. Dans la chaumiere délabrée que nous habitions avec lui, notre ignorance & notre jeuneſſe oublioient ſouvent tous les maux de la plus extrême pénurie, au récit de la figure qu'il avoit faite ſur ſa jument pouliniere à l'arriere-ban, ou bien à la relation du ſeul voyage qu'il eût fait aux Etats de la Province, aux dépens de la moitié de ſon patrimoine. Tour à tour nous avions la prérogative de paroître le Dimanche au Prône, ceints de ſon baudrier antique, & armés de ſa vieille épée. Cette diſtinction étoit le prix de nos progrès ſous un Magiſter, tel qu'il peut s'en trouver dans un hameau des environs de Quimper. A quatorze ans, j'entrai dans la milice ; à ſeize, je marchai avec le bataillon de ∗∗∗ ; à dix-neuf, pour mon malheur, je fus appelé à Paris par un oncle qui étoit Capitaine au régiment de *** : son dessein étoit de m'obtenir une lieutenance. Je me libertinai horriblement : pour mes hauts faits, on me fit faire une longue retraite à Saint-Lazare. Au bout de deux années, j'en sortis. Ayant alors pris parti dans un Corps de troupes légeres, après six ans je m'y trouvai Lieutenant des Chasseurs. Dans ce poste, je reçus une blessure considérable; je me crus dans le cas de demander des graces : je voyois tous mes camarades profiter de leurs congés pour en aller solliciter à la Cour, & je me hasardai à suivre leur exemple.

Après bien des remises & du temps perdu, pour la vingtieme fois au moins, je me trouvai dans l'antichambre du Ministre : l'audience étoit nombreuse & brillante. En attendant que celui-ci daignât paroître, les assistans, dans un silence respectueux, étoient occupés à s'y toiser de la tête aux pieds. L'économie de ma parure me donnoit un air si modeste, que personne ne songeoit à moi. Assis dans un coin sur un fauteuil où ma confusion me faisoit tenir de côté, je cherchai à me dérober derriere un groupe de quatre ou cinq Marquis, & j'y attendois sans souffler que Monseigneur se montrât.

Un gros homme d'une taille avantageuse, bien vêtu, quoiqu'avec moins de faste que les petits Seigneurs dont l'appartement étoit plein, portant un ruban rouge à la boutonniere, pénétra jusqu'à moi.

M'accostant avec une politesse mêlée de bienveillance, il me dit : Monsieur, vous venez souvent ici ; vous espérez sans doute quelque grace de M. L. D. ? Hélas ! Monsieur, lui répliquai-je, je ne sollicite qu'une très-mince justice : j'ai été blessé & dépouillé ; qu'on daigne m'indemniser, & je pars demain. Je m'apperçois à merveille que le métier de demandeur est bien triste & bien ingrat pour un pauvre Officier comme moi ; mon extérieur délabré n'étonne ni ne touche personne ; vous me voyez

épuisé de patience & d'argent par un séjour long & infructueux. — Cela est dur : vous n'avez donc pas d'amis ? — Eh ! les pauvres en ont-ils ici, Monsieur ? — Vous êtes de Province ? — Je suis de Bretagne. — Gentilhomme ? — Oui, & aussi gueux qu'il y en ait dans mon canton. — En honneur, cela fait saigner le cœur : quand on l'a bien placé, on ne peut voir sans douleur la brave & ancienne Noblesse du Royaume réduite à d'aussi tristes extrémités. Je prends, Monsieur, le plus vif intérêt à votre sort ; la candeur de votre récit est bien faite pour le redoubler. Je me nomme de ***, & j'entrevois avec plaisir que je puis finir vos malheurs. — Monsieur, d'où vous peut venir cette bonté inconcevable ? — J'entends remuer dans le cabinet du Ministre ; l'audience va commencer ; le lieu, le moment ne sont point propres à cette explication. Si vous retournez à Paris, venez demain à l'Hôtel de *** ; demandez-moi au Suisse, nommez-vous ;
&

& j'espere vous dédommager de l'attente inutile & couteuse dont vous vous plaignez avec raison.

Je ne savois si ce que je venois d'entendre étoit un songe ou une réalité. Bref, après avoir attendu quatre mortelles heures, & essuyé encore un *nous verrons, je me ferai remettre cela sous les yeux*, de la bouche du plus laconique & du plus froid des mortels, je ne m'occupai plus que d'aller au rendez-vous inattendu du lendemain, & je remerciai intérieurement le Ciel d'une rencontre dont les suites, quelque confuses qu'elles fussent encore pour moi, relevoient un peu mes espérances abattues.

Je fus ponctuel ; il n'est pas difficile de le prévoir. A peine fus-je introduit, que Monsieur de *** me fit asseoir. Eh bien ! me dit-il, le Ministre vous a-t-il donné quelque satisfaction ? Je lui rendis compte avec assez d'humeur de l'issue de ma derniere audience. — Tandis que le Ministre vous oublie, me dit-il d'un ton consolant, je m'occupe efficacement de vous : j'ai pris sur votre compte des informations sûres. Votre naissance & votre mérite personnel m'ont déterminé à vous rendre des services beaucoup plus essentiels que vous ne pouvez même l'imaginer. Voici d'abord une gratification, pour vous dédommager des frais d'une longue attente ; vous en êtes redevable au crédit du Comte de *** que j'ai fait agir. En proférant ces dernieres paroles, il me remit un parchemin, moyennant lequel je pouvois toucher cent louis à volonté. Ce premier bienfait excita de mon côté autant de reconnoissance que de surprise. Je ne me suis point borné là, ajouta M. de ***, coupant court à la profusion de mes très-humbles actions de graces : vous êtes, continuat-il, un des derniers rejetons d'une Maison autrefois illustre & florissante autant qu'elle est aujourd'hui déchue : sur mes représentations, ce Seigneur veut la relever. Soyez simplement docile à mes avis, & acceptez une proposition que j'ai à vous faire ; dès aujourd'hui vous aurez l'assurance d'un revenu fixe de douze mille livres, dont vous pourrez disposer à votre fantaisie. Chaque mot étoit une énigme pour moi ; il ne me restoit point assez de présence d'esprit pour faire une réponse suivie à des choses en même temps aussi flatteuses & aussi inattendues. Il s'agit, poursuivit M. de ***, d'épouser au plus tôt une femme que l'on vous destine. — Une femme ? Eh ! Monsieur, j'en épouserai douze à ce prix-là. Cette réponse fit sourire celui à qui je parlois. — J'avois un pressentiment, dit-il, que vous étiez l'homme qu'il nous falloit.

Je ne cherchai point à démêler le sens de cette derniere phrase ; mon ivresse m'empêcha d'y faire attention, & de remarquer le ton ironique dont elle fut prononcée. Excusez, Monsieur, lui dis-je, l'étonnement que vous me causez ; mais tout ceci est-il bien sérieux ? — Très-sérieux, me répondit-il avec dignité : la personne qu'on vous destine est au couvent ; vous êtes, je

S ij

crois, maître de vous ? Si vous y consentez, elle en sortira demain ; toutes les formalités seront abrégées par le crédit de M. le Comte. Après le contrat, que vous pouvez signer dès aujourd'hui, les quatre mille écus de rente sont à vous.

En falloit-il autant, Messieurs, pour éblouir un pauvre here comme moi, dont le revenu liquide le plus fort n'avoit jamais monté à vingt-cinq louis ? Je serois un grand sot de délibérer, lui dis-je. — En ce cas, venez avec moi. Il sonna ; nous montâmes en voiture, & nous fûmes, à peu de distance du logis, chez un Notaire, où je signai un contrat, dont véritablement la teneur m'assuroit douze mille livres de rente, sur les biens spécifiés de la future ; d'ailleurs il portoit entre nous une séparation de biens préliminaire, dont je ne me mis guere en peine.

Le lendemain, je conduisis en effet à l'autel une personne jeune & charmante, que les Graces elles-mêmes avoient pris soin de parer. En promenant fur elle des regards étonnés & ravis, je m'applaudiſſois ſtupidement de ma bonne fortune, & j'adreſſois l'hommage de ma gratitude à Monſieur de ✱✱✱, que, dans la chaleur de ma reconnoiſſance, je traitois de Dieu tutélaire. Au ſortir de la cérémonie, on fit monter ma jeune épouſe dans un carroſſe : avec mon guide, je repris celui qui nous avoit amenés au temple, où le Ciel venoit d'entendre les plus abſurdes & les plus faux de tous les ſermens. Nous roulâmes pendant quelques inſtans ; je fus bien étonné de voir qu'on s'arrêtât à la porte de l'Hôtel garni où j'étois logé. Après que nous fûmes deſcendus : Voici, me dit M. de ✱✱✱, en mettant cent vingt-cinq louis d'or ſur la table, un quartier d'avance de vos revenus ; les autres vous ſeront tout auſſi exactement payés. Actuellement, mon cher, vous pouvez repartir pour la Province, quand cela vous fera plaiſir ; je crois même que vous ferez bien de ne pas différer. — Comment donc ? Et ma femme ? —

Il n'y faut plus penfer. — Qu'eft-ce que cela veut dire ? — Eh ! oui ; auffi-tôt marié, auffi-tôt débarraffé de votre moitié. Allez, mon cher Monfieur, vous êtes l'époux le plus fortuné de cette capitale. Combien y en a-t-il qui envieroient votre fort ? Alors, je pris un ton férieux : J'entrevois quelque chofe à tout ceci, lui dis-je ; faites-moi la grace de me dire ce que fignifie la piece abfurde que vous avez eu la hardieffe de me jouer. Il me regarda froidement, & me répondit avec gravité : Je n'ai point ordre de fatisfaire à vos queftions ; adieu Monfieur. A ces dernieres paroles, il me tourna le dos, & difparut comme un éclair. Je reftai hébété de la grandeur de mon étonnement, & j'écumois en vain d'une rage inutile & affreufement ridicule.

Un peu revenu à moi, je me mis en vain fur fa trace ; inutilement je me préfentai à fa porte, on ne l'y connoiffoit plus. Je m'épuifai auffi en conjectures fuperflues, pour découvrir la demeure ou le couvent de celle à qui je venois d'être uni d'une maniere si solennelle. J'ignorois jusqu'au nom du Notaire qui avoit reçu ma signature au bas du contrat, & celui du Prêtre qui avoit accompli la cérémonie dans une chapelle domestique. Dans ces circonstances, qui prendre à partie ? qui attaquer ? qui accuser ? sur quel fondement s'adresser aux Tribunaux ? J'en étois à ces sanglantes perplexités & aux inquiétudes les plus cruellement risibles sur le tour qu'on m'avoit fait, & je me préparai à aller le lendemain faire l'exposé de tout ce que je savois de ma propre histoire, à un Jurisconsulte célebre, lorsqu'on me signifia un ordre supérieur de sortir en vingt-quatre heures de la capitale, & de n'en point approcher de cinquante lieues, sans un contre-ordre exprès. Un bannissement aussi imprévu me fit réfléchir : je conclus que je ferois fort bien de garder le plus profond silence sur mon inexplicable aventure. Je me préparai à exécuter l'ordre qui m'avoit été notifié. Dès le lendemain je m'éloignai de Paris.

Quoique je n'eusse confié à personne le nom du lieu de ma retraite, à ma grande surprise, mes quartiers me furent régulièrement payés pendant près d'un an que je restai dans une petite ville maritime de la Basse-Normandie.

Le désœuvrement & l'ennui me chassèrent enfin de cet asile : pour mon malheur, je jetai les yeux sur Valogne, pour en faire mon séjour. Tout le monde sait que cette ville est le rendez-vous & la résidence de la Noblesse Basse-Normande. On y a des nouvelles de la capitale toutes les semaines ; on se pique d'en posséder la politesse & les goûts. Ceux qui y ont fait quelques voyages, ont soin d'y prôner les Sociétés distinguées où ils ont été reçus. Quand on peut même s'y donner un air de liaison avec les personnes en faveur, on y acquiert une importance, & l'on devient un personnage. Telle est là, comme par-tout ailleurs, la marotte des Provinciaux. Un jour que je me trouvai dans un cercle des plus nombreux & des mieux composés de l'endroit : « Monsieur, me dit un important en uniforme de Mousquetaire gris, qui étoit récemment de retour de son service, vous vous appelez *** ; seriez-vous le parent de Madame la Comtesse de *** ? Diable ! c'est une Dame qui jouit d'un crédit immense ; elle joue un rôle bien important : si cela est au moins, je vous prie de m'accorder votre protection ». Je tressaillis à ce propos. Dissimulant néanmoins mon trouble avec assez d'adresse, je puis, sans le savoir, répondis-je, avoir l'honneur de tenir à cette Dame ; son crédit & son élévation sont cependant des nouvelles pour moi : j'ignore la nature & le degré d'affinité qu'il pourroit y avoir entre elle & ma famille, qui est de Bretagne. Précisément, reprit-il avec feu, son mari est aussi de cette Province. C'est un original, dit-on, un homme inconcevable. Après avoir fait une démarche comme celle de donner son nom à la maîtresse d'un grand Seigneur, il faut au moins en tirer parti : les sottises de cette espece ne se réparent que par les fruits qu'on en recueille. On dit que le pauvre homme végette triſtement dans ſa retraite, avec un revenu bien modique, en comparaiſon des contributions répétées qu'il pourroit tirer de ſa chere moitié. Sans doute en ce moment je dus pâlir & rougir de la colere qui me ſuffoquoit : heureuſement on n'y prit pas garde. Monſieur, repris-je avec modération, vous vous exprimez avec bien de la légéreté. Savez-vous à quel point je puis avoir part aux choſes que vous dites ? — J'en parle ſans nulle intention de vous fâcher : ces choſes-là ſont ordinaires de nos jours, & je ne ſuis que l'écho de tout Paris. Briſons là-deſſus, lui dis-je ſéchement : on divulgue dans ce pays-là bien des ſottiſes. J'en conviens, repartit-il, encore ne dit-on pas toutes celles qu'on y fait.

Après m'être efforcé de concentrer en moi-même la honte & la douleur qui me déchiroient, je me retirai de la compagnie où le haſard venoit d'éclaircir mon incroyable aventure. J'étois étonné que mes conjectures n'eussent pas plus tôt saisi la vérité. Incapable, par mes principes, de résister à la rage dont m'enflamma l'infamie d'un personnage aussi flétrissant que celui que j'avois à jouer désormais, je me décidai à braver tous les dangers, & à aller à Paris faire cesser mon opprobre par ma présence, moyennant des démarches que je croyois praticables, par la seule raison qu'elles étoient honorables & légitimes. Jugez, Messieurs, combien l'usage que j'avois de cette Capitale étoit foible & peu sûr : vous allez en voir la preuve.

De retour à Paris, l'impatience de mon ressentiment me mit sans délai sur la trace de l'objet qui y traînoit mon nom dans la fange d'un désordre public. Le sien y faisoit tant de bruit, elle vivoit avec un éclat si scandaleux, que je fus bientôt instruit. Le suprême effort de ma prévoyance s'étoit borné à donner un autre nom que le mien dans l'hôtel garni où j'étois descendu ; la Police, tant qu'aucun événement n'excita fur moi fon attention, prit fans doute le change que mon intention avoit été de lui donner; fans quoi, l'influence toute puiſſante que l'auteur de mon infamie avoit fur elle, l'auroit décidée à prévenir, par les précautions que fa vigilance fait mettre en uſage, le coup déciſif que mon honneur offenſé ſe préparoit en filence à frapper.

Après dix jours de délibération, je me rendis un matin au magnifique hôtel qui portoit mon nom. Je frémis, mes cheveux ſe dreſſerent de honte & d'effroi, en le voyant tracé en lettres d'or fur le marbre qui étoit appliqué au couronnement du portique : Voilà, me difois-je douloureuſement, l'enſeigne humiliante de mon infamie expoſée à tous les regards, à tous les traits fanglans du mépris & de la dériſion publique ! Fortifié dans mes réfolutions par cette révoltante penſée, je m'adreſſai très-poliment à un gros homme à mouſtaches, que ſon baudrier me fit connoître pour le Suiſſe du logis ; je lui demandai avec inſtance à être préſenté

à

à Madame la Comtesse; car en me volant mon nom, elle y avoit ajouté un titre: cela n'est pas cher ici. Je prétextai une affaire importante & pressée, dont j'avois à l'entretenir. Celui-ci, d'un ton peu civil, m'indiqua l'anti-chambre; j'y montai avec empressement: là je renouvelai ma très-humble requête à un squelette galonné; il y répondit avec importance & avec dédain. Je me souvins assez à propos d'avoir entendu dire que dans le lieu où j'étois, on se faisoit une loi de ne rien faire pour rien. Un louis d'or que je glissai dans la main de mon homme, le rendit révérencieux comme un Valet de Cour; je n'attendis qu'une bonne demi-heure: la crainte d'être reconnu alongea bien sa durée; enfin, on m'ouvrit les portes.

Je m'amusai peu à considérer le faste & la volupté qui régnoient dans l'intérieur de ce superbe appartement: j'attendois avec impatience que la Maîtresse daignât se montrer. Elle sortit d'une piece attenante; elle s'apprêtoit à paroître avec cet air de protection & de

Tome II.   T

dignité, qu'une femme vaine fait si aisément adopter, lorsqu'elle voit tous les jours à ses pieds ces hommes qui en voient eux-mêmes ramper tant d'autres ; mais elle se remit presque aussi-tôt les traits atterrans de celui qu'elle avoit indignement trahi à la face des autels. Quelle surprise ! Qui vous auroit jamais attendu ici, Monsieur, me dit-elle avec trouble ? L'honnêteté, Madame, lui répondis-je d'un ton assuré & calme ; mais je me trompe fort, elle n'habita jamais sous ces lambris : on y a abusé de ma simplicité, on y trafique de mon honneur, & on y prostitue mon nom. Interdite d'un pareil début, elle hésitoit & cherchoit une réplique. Pensez-vous, femme exécrable, ajoutai-je avec indignation, que je consente à tant d'opprobres ? Non, non ; il faut me rendre ce nom qu'on m'a lâchement extorqué pour le flétrir, ou vous résoudre, si ma puissance sur vous est confirmée, à cacher cette ignominie dans un cloître. Il y a des Loix, il faut qu'elles m'accordent l'un ou l'autre ; je braverai la colere & le pouvoir des lâches satrapes,

aux plaifirs infames de qui vous fervez ;
& s'ils ont le crédit d'échapper à ces
Loix que je vais réclamer, il eft des
poignards ; je percerai leurs vils cœurs,
avant de frapper le mien. — Le méprifable fujet d'un courroux auffi légitime
avoit eu le temps, pendant un auffi long
difcours, de reprendre le front d'airain
des malheureufes qui, comme elle, fe
font dépouillées de tout fentiment en
abjurant la pudeur. — Que me veut
donc cet extravagant, dit-elle en
hauffant la voix ? Mon ami, je fuis
étonnée de votre hardieffe ; je ne vous
connois point. A ces mots, elle fit un
pas vers la fonnette ; je ne me contins
plus ; lui appuyant fur le fein le bout
du fer dont l'ufage m'avoit armé : Si tu
branles, infame, lui dis-je avec un cri
étouffé, tu meurs ! L'épouvante où
mon action la précipita, la fit évanouir.
Je faifis cet inftant pour fortir & m'échapper. L'honneur, fenfible jufqu'à la
fureur à une auffi cruelle injure, avoit
conduit mes pas dans l'affreufe demeure
où la corruption toute puiffante l'immoloit ; mais ce même principe glorieux

T ij

m'arrêta sur la ligne qu'il fait tirer entre un ressentiment noble & fier, & le forfait d'une vengeance effrénée.

Après une démarche aussi inutile & aussi désespérée, la prudence auroit dû m'inspirer la pensée de m'éloigner sans retard, si, comme je l'ai déja dit, j'avois connu la vigilance & l'activité des argus sans nombre, que les oppresseurs ont quelquefois le crédit de tourner contre ceux qui leur nuisent : je ne me serois occupé que du soin de m'y dérober en toute diligence. Aveugle & insensé que j'étois ! j'osois croire que la vertu avoit des droits inviolables & sacrés, & que quand elle pouvoit se réfugier sous les auspices de la Législation, il lui étoit facile de braver de là les intrigues du crédit, & de s'affranchir de l'oppression du pouvoir ! Je courus chez les gens de Loix les plus en réputation ; j'implorai ces voix éloquentes, consacrées à faire triompher l'innocence & la vérité ; je leur exposai mes injures & mes récriminations. Quelque frappante qu'en fût la justice, au seul aveu d'un ordre violé pour venir les foutenir, au nom de ma partie, ces défenseurs timides des infortunés baiſſoient la vue & pâliſſoient. J'en ſollicitai dix, avant d'en trouver un qui eût la vertu & le courage de me prêter ſon organe.

Aſſuré de cet appui, je me retirai chez moi pour y prendre un peu de repos. Sur la foi du nom emprunté, ſous lequel je me croyois à couvert, je m'endormis dans une funeſte ſécurité: à minuit, on frappa rudement à ma porte; &, me tirant du ſommeil profond où l'épuiſement du corps & de l'eſprit me tenoient enchaîné, après une auſſi tumultueuſe journée, on me déclara qu'il falloit me rendre & me mettre à la diſcrétion d'une eſcouade de ſatellites qui venoient m'enlever. L'ordre étoit précis; la réſiſtance auroit été ſuperflue. On me mit dans une voiture fermée, avec trois de mes gardes; d'abord elle me conduiſit dans je ne ſais quel lieu, deſtiné ſans doute aux plus noirs forfaits, à en juger par l'horreur qui y regne. Après trois jours de détention dans le plus infect & le plus sombre des cachots, je fus transféré une seconde fois de nuit dans un séjour où je m'apperçus qu'on ne m'avoit conduit que pour me confondre à jamais avec les insensés que l'égarement & la perte de leur raison font séquestrer du commerce des humains. Nu comme eux, chargé de chaînes, afin, entendois-je dire, de prévenir les mouvemens d'une frénésie meurtriere, on y faisoit passer les plaintes que je faisois d'un aussi cruel traitement, & mes justes imprécations contre les coupables & barbares auteurs de mes souffrances, pour les éclats d'un délire involontaire: plus je répétois les odieuses trames dont j'avois été le jouet, plus j'étois resserré, & plus on traitoit de désespéré le genre de folie qui remplissoit mon cerveau de ses absurdes chimeres. O Terre ! m'écriois-je quelquefois, n'ouvrirez-vous pas votre sein indigné ? Plus pitoyable que les monstres qui m'environnent, ne m'engloutirez-vous pas ? Foudres du Ciel, écrasez-moi ! délivrez mes yeux de leur exécrable aspect ! Les tigres me présentoient sans s'émouvoir leurs horribles visages, & rioient avec férocité des accès impuissans auxquels leur cruauté stupide me supposoit en proie !

Mes persécuteurs s'étoient sans doute flattés que ma raison ne seroit pas à l'épreuve de tant d'horreurs, & que son aliénation réelle justifieroit bientôt leur criminel stratagême. Leur inhumanité a été déçue : vingt années passées dans les horribles angoisses d'une aussi affreuse situation, ne m'en ont pu ravir l'usage ; mes maux & mes douleurs m'ayant laissé trop peu de forces, pour que le ressentiment trouvât prise sur mon ame, depuis six ans, tous les symptômes & l'expression de ma rage épuisée s'étoient convertis en un abattement continuel & profond. Mes féroces gardiens se déterminerent par degrés à me soulager de mes chaînes. Pour surcroît de bonheur, ils changerent : ceux qui prirent leur place étoient peut-être moins bien informés qu'eux, de l'importance de me veiller. A la longue, la pitié de ceux qu'une curiosité inexplicable menoit dans ce lieu d'effroi, me fournit de quoi couvrir ma nudité. L'heureux inftant de la liberté brilla : accoutumé à me voir regagner paifiblement de moi-même le bouge où je paſſois les nuits, mes gardiens oublierent de m'y enfermer ; je pris la fuite, j'eus tout le temps que régnerent les ténebres pour m'éloigner, & je le mis à profit.

Imaginez-vous un fpectre forti des tombeaux, qui revient effrayer les timides mortels ; tel je reparus parmi eux. Etranger & inconnu, je les voyois friſſonner & fuir à mon hideux afpect. Pendant fix mois, je n'ofois aborder que ceux que leur propre mifere ont familiarifés davantage avec l'image du befoin & de l'extrême indigence. C'eft par la compaſſion de ceux mêmes qui obtiennent leur humble fubfiftance de celle d'autrui, que je fuis parvenu à me mettre en état d'aborder les paſſans d'un certain ordre ; car il eft, jufque dans la maniere d'émouvoir la commifération, des nuances qu'il faut fuivre pour s'accommoder aux délicateſſes & aux préventions des hommes : ils font devenus si inconséquens & si frivoles par l'habitude des institutions factices dont ils ont insensiblement surchargé la Société ! Mes oreilles ne tarderent point à entendre retentir sous les portiques des Palais & les lieux publics, le bruit des prospérités soutenues de l'infame créature, à qui la passion effrénée d'un homme aussi méprisable que tout puissant, faisoit, sans pudeur & sans frein, tous les sacrifices. J'appris que, sur la supposition de mon trépas, un mortel, aussi vil que j'étois infortuné, s'étoit empressé, & qu'il avoit offert sans rougir de donner son nom aux fruits des débauches de cette femme insolente & cruelle : par-tout elle affichoit, front levé, le déshonneur de ce misérable esclave. Je n'avois garde d'y mettre obstacle : je ne voulois point me reproduire du sein des morts où ses impostures me plaçoient, pour couper cours à une horreur qui secondoit si bien mes désirs. Un sentiment plus noble que la crainte, la satisfaction de voir un autre se couvrir volontairement de la honte dont j'avois tant appréhendé la tâche infamante, ferma ma bouche. Laiſſant au Ciel indigné le ſoin de punir à la fois tous les forfaits dont elle combloit ſucceſſivement la meſure, je ne me mis en peine que de me dérober à la nuée des délateurs innombrables qui pouvoient me reconnoître : je prévoyois les maux que me feroient ſubir encore une fois des ames trop avilies par la corruption, pour pouvoir ſuppoſer jamais que l'indigence eſt un mal ſupportable à quiconque eſt capable d'un ſentiment magnanime de mépris pour les proſpérités du crime, & qu'il puiſſe dédaigner de les partager, lors même qu'il en a le pouvoir.

Ici le vieillard s'arrêta, épuiſé par un auſſi long récit : fatigué par le pénible ſouvenir de tant de maux, il reprit haleine : il étoit temps qu'il laiſſât à notre ſenſibilité celui de reſpirer. Je crois auſſi devoir le même égard à celle du Lecteur.

Fin du Tome ſecond.

TABLE

DES CHAPITRES

Contenus dans ce Volume.

CHAPITRE PREMIER. *Mon retour en France. Rencontre de Bouillac. Départ de Calais. Commencement des aventures de mon Compagnon. Evénement singulier.* Page 1

CHAP. II. *Suite des aventures principales de mon Compagnon de voyage.* 40

CHAP. III. *Arrivée à Dunkerque; suite & fin du récit de Bouillac.* 67

CHAP. IV. *Description du mont Cassel. Observations sur les mœurs des habitans de la Flandre. Arrivée à Lille. Observations sur Cambrai.* 105

CHAP. V. *Départ de Cambrai. Digression sur les Irlandais. Observations sur les Américains. Arrivée à Péronne. Accident du voyage.* 117

CHAP. VI. *Trajet dans la Voiture publique. Scène singuliere & nouvelle pour moi. A quelque chose malheur est bon.* 126

CHAP. VII. *Académie Royale des Sciences.* 141

CHAP. VIII. *De la confédération Encyclopédique, & de quelques Grands Hommes très-vantés dans ce siecle.* 153

CHAP. IX. *Remarques sur Pygmalion.* 170

CHAP. X. *Théatre Bourgeois.* 175

CHAP. XI. *Idée des Journaux. Remarques sur quelques Aristarques ; promenade ; rencontre fortuite d'un Pauvre honteux. Entretien intéressant sur les caracteres de l'infortune.* 189

CHAP. XII. *Récit du Pauvre.* 200

Fin de la Table du Tome II.

www.ingramcontent.com/pod-product-compliance
Lightning Source LLC
Chambersburg PA
CBHW051905160426
43198CB00012B/1754